경이야기

꽁이야기

| 책머리에 |

부처님의 말씀은 왜 한 권으로 되어 있지 않을까?

 늘 이것이 화두요, 의문이었다. 불교와 관련된 책을 보면 생소한 경전의 이름이 많이 나온다. 도대체 어째서 이런 경전의 이름이 붙게 되었을까…?
 삭발염의하고 처음 접한 책은『초발심자경문』이었다. 이 책은 부처님 경전이 아니라, 처음 발심한 자들을 위한 밑거름이 되는 내용을 담고 있다. 어느 정도 세월이 흘러 강원에 들어갔다. 지금은 강원이라는 명칭이 승가대학으로 바뀌고, 학제도 일반 대학들처럼 4년으로 못 박아 놓았다.
 치문반으로 불리는 1학년은『치문경훈』이라는 한 권의 책을 1년 동안 배운다. 이것도 역시 경전은 아니다.
 사집반 혹은 서장반으로 불리는 2학년은『서장』·『도서』·『선요』·『절요』를 배운다.
 3학년이 되어야 비로소 부처님 말씀이 들어있는 경전을 배우기 때문에 이때부터는 '경반'이라고 부른다.

와~ 드디어 경반이 되다니, 내 자신이 무척 대견스러웠다.

그런데, 웬걸! 도대체 너무도 어렵다. 부처님의 말씀이 마치 무슨 외계인과 대화하는 듯했다. 능엄주는 발음조차 되질 않는다. 강사스님께 여쭈었다.

"부처님의 말씀은 어째서 팔만사천법문이나 되나요?"

"부처님의 중생에 대한 연민심은 무한한 바다와 같지요. 제석천의 인드라망처럼…. 미혹한 중생을 구제하기 위해, 이 그물에 걸리지 않으면 저 그물에 걸리도록 무한대의 법문을 풀어 놓으셨습니다."

어느 날, 일본에서 간행된 『능엄경』을 보니 중국찬술경전이라 적고 있었다. 중국에서 새롭게 찬술한 경전도 있구나…!

새로운 자각이었다.

그 뒤로 경전에 대한 무식함부터 면해야겠다는 심정으로 경전과 관련된 서적을 탐독하기 시작했다. 그 가운데 접하게 된 것이 와따나베 쇼코의 『경이야기』라는 문고본이었다. 이 책은 경전의 성립과정을 한눈에 알아 볼 수 있도록 구성된 책이다.

불교인으로서 평생 수지독송하는 경전을 택한다면 어떤 경전을 택해야 될까?

이런 의문에 답하기 위해서는 무엇보다 먼저 알아야 할 사항이 경전의 내용일 것이다. 그러한 면에서 『경이야기』는 지름길 역할을 해 줄 수 있으며, 독자들에게 시원한 소나기가 되어 줄 것이다.

운문사 대방의 청풍료 한 쪽에는 〈자재실〉이란 목간판이 있다. 내가 사는 방이다. 난 이곳에서 무한한 부처님의 경전과 대화를 하고, 나를 만난다. 새벽 3시면 어김없이 울리는 도량석과 함께 새로운 하루가 시작된다. 호거산을 적셔주던 며칠간의 빗줄기가 잠시 멈추고, 이목소의 물안개도 이미 걷히었다. 을유년 뜨거운 한여름이 시작된 것이다.

이 책을 번역할 수 있게 되어 기쁘다. 책이 나올 수 있게 애써 주신 우리출판사 가족들께 지면을 빌어 고마움을 전한다.

운문사의 모든 학인들 그리고 학장스님, 주지스님, 강사스님, 도반들에게도 고마운 마음 금할 수가 없다.

2005. 7.

호거산에서 知性 합장

| content |

제 1부

책머리에

1 경의 성립

경經 · 12 | 경經이란? · 13 | 불교성전의 구성 · 14
성전은 기록인가? · 15 | 붓다의 진설 · 17 | 여러 가지 경향 · 19
붓다의 시대 · 23 | 성전의 제정 · 26 | 초기의 경전 · 29
성전의 변천 · 31 | 소승과 대승 · 32
빠알리문 성전의 평가 · 35 | 소위 원시불교 · 36
성전의 과정 · 39 | 원초형태설 · 45 | 원초설의 난점 · 48
성전과 사실史實 · 51 | 교단의 여러 파 · 52 | 상좌부와 대중부 · 55
대중부적 경향 · 60 | 부파 · 62 | 전승의 차이 · 66

2 현존 불교성전

한역대장경 · 68 | 역경의 시작 · 69 | 법현 · 70 | 라집 · 71
화엄경 등 · 73 | 진제 · 74 | 현장 · 76 | 푸니요다야 · 77
의정 · 80 | 무행 · 81 | 신역화엄경 · 82 | 밀교 경전 · 82

중국역경에 대한 의문 · 83 | 역경원 · 84
대장경의 간행 · 86 | 한역대장경의 특색 · 89
티벳어 성전 · 91 | 빠알리어 성전 · 95
산스크리트어 성전 · 98 | 각국어의 성전 · 102

3 경의 형식과 실례

법신게^{法身偈} · 104 | 제행무상의 게 · 106 | 칠불통계게^{七佛通戒偈} · 110
법구경 · 111 | 우둔한 제자 · 114 | 유훈 · 116
여시아문 · 117 | 한역경전의 일례 · 120 | 길상경 · 121
숫타니파타 · 123 | 초심자제요 · 124 | 경의 성립 순서 · 129
전법륜경 · 130 | 전법륜경과 붓다전 · 133
열반 · 135 | 열반경 · 136 | 열반경의 이본 · 139
마하수달샤나왕 · 141 | 유골의 분배 · 142
쿠시나가라의 편집회의 · 143 | 부파와 경 · 145

제2부

4 대승경전의 성격

대승경전 · 150 | 명상(瞑想)의 세계 · 152 | 해탈의 문제 · 153
보살의 문제 · 154 | 대승의 사상 · 156 | 이상과 현실 · 157
붓다론 · 157 | 대승경전의 형태 · 159
대승경전의 여러 가지 · 161
대승의 철학자들 · 163 | 요의와 불요의 · 164

5 반야경

대반야경 · 167 | 대품과 소품 · 169 | 소품반야 · 171
대품에 관하여 · 177 | 금강반야경 · 178 | 인왕경 · 179
반야심경 · 180 | 불설마하반야바라밀다심경 · 181

6 화엄경

대방광불화엄경 · 184 | 화엄경의 구성 · 186

붓다의 찬미 · 187 | 붓다의 세계 · 191
보살의 수행 · 192 | 보현과 문수 · 194 | 선재동자 · 196
보현행원찬 · 197 | 화엄경의 영향 · 200

7 유마경

비말라키르티와 베살리 · 201 | 텍스트 · 202 | 서곡 · 202
유마의 병 · 203 | 붓다의 제자들 · 204 | 두 거장의 대담 · 205
불이문 · 208 | 멀리서 온 손님 · 209 | 유마의 정체 · 210
에필로그 · 211 | 유마경의 영향 · 212

8 승만경

승만경 · 213 | 발단 · 214 | 입신의 서원 · 214 | 섭수정법 · 217
여래장 · 218 | 승만경과 아요다 · 220 | 그 영향 · 221

9 법화경

묘법연화경 · 223 | 발단 · 224 | 삼승과 일승 · 225
화택의 비유 · 226 | 방탕한 자식의 비유 · 227 | 초목의 비유 · 229
술에 만취해서 몰락한 비유 · 229 | 보탑 출현 · 230
이 세상은 정토 · 231 | 법화경의 행자 · 232 | 붓다의 수명 · 233
의사의 비유 · 234 | 법화경의 공덕 · 234 | 결론 · 235 | 영향 · 236

10 정토교 경전

정토신앙의 발생 · 238 | 무량수경 · 240
아미타경 · 245 | 관무량수경 · 246 | 영향 · 251

11 밀교경전

밀교란 무엇인가 · 252 | 대일경 · 256 | 이취경 理趣經 · 259

제 1부

1_경의 성립

경經

　일반적으로 경經이라는 이름은 불교의 성전을 가리키는데 구체적으로 무엇을 의미하는지 분명하지 않다.
　일반인에게는 경이라고 하면 사찰의 종교의례에서 스님들이 독경하는 한문의 경전을 말할 것이다. 사원寺院뿐만 아니라 열성적인 신자信者는 자택에서도 한문으로 된 경을 읽는다. 승려도 신자도 자신이 소속하는 종파나 종교단체에서 제정된 경을 읽으며 내용에 대해서는 별로 파악하려 하지 않고 원문을 읽는 경우가 허다하다.
　일본의 경우 불교는 종파에 따라서 성전이 다르며 다른 종파의 성전에는 별로 관심을 갖지 않는다. 예컨대 어떤 종파에서는 『법화경』만을 존중하며 또 다른 종파에서는 『정토삼부경』만을 떠받든다. 이러한 경향 때문에 불교도에게 공통된 '경'은 존재하지 않는다. 비교적 많은 사람들에게 알려진 『반야심경』이 있지만 전체 종파를 대표하기에는 또 다른 종파에서의 거센 반대로 아직 대표격이라고 부를 수 없는 상황이다.

그런데 종파를 떠나서 불교의 성전을 고찰하면 이만큼 풍부한 읽을거리는 타의 추종을 불허한다. 종교문학으로서도, 철학서로서도 다양한 내용을 갖추고 있는 것은 물론이다. 교훈, 설화, 비유, 소설, 희곡, 역사, 지리, 민속, 습관 등 인간생활의 모든 국면에 걸쳐서 이만큼 변화무쌍한 문헌은 세계에서도 그 유래를 찾아보기 힘들 것이다.

경經이란?

한자의 경經이란 글자는 '날실, 움직이지 않는 것, 불변의 진리' 등의 뜻이 있고, 중국 유교서적의 분류에서 보면, '성인聖人이 제작한 것'을 가리킨다. 『역경』·『서경』을 비롯해서 『논어』·『맹자』에 이르기까지 삼경과 오경, 십경 등을 말한다. 후에는 도교, 불교, 회교 등의 성전도 '경'이라고 부르게 되었다.

불교의 경은 인도 또는 서역어에서 한문으로 번역되었다. 이 경우에는 인도 말의 수트라sutra에 한자의 경을 적용하였다.

인도에서 수트라라고 하면 원래 실, 끈이라는 뜻으로 '자로 쓰이는 끈'이 되기도 하며, '간결한 교훈, 교리, 금언 등의 문장'을 가리키기도 한다. 우선 옛날에는 종교의례를 규정하는 간결한 제요서提要書가 수트라로 불렸다. 짧은 단문으로 이루어진 것으로 너무 간결해서 그것만 읽는 것으로는 무엇인지 판단할 수 없는 경우가 많았다. 이것은 학생이 암기하기 위한 것이며, 반드시 주석을 붙여서 배우는 것이다. 그 중에서 문전文典이나 수사학, 의학 공학도 이러한 형식이 이용되었는데 브라만 철학에서도 기본적인 교과서는 흔히 수트라이다. 그 밖에 처세술이나 성전性典도 수트라로 알려져 있다.

불교의 수트라는 이들 브라만의 수트라와는 다르며 붓다드물게는 붓다의 제자가 설한 교의敎義를 기록한 서적을 말한다. 나중에 설명하겠지만 일정한 형식을 갖추었는데 짧은 것으로는 수십 단어, 긴 것으로는 수백 페이지에 달하는 것도 있다. 이 수트라는 불교성전의 중요한 부분을 차지한다. 이밖에 교단의 규율을 규정하는 율律, 철학적 이론을 전개하는 논論과 함께 경·율·논 삼장이라고 하는데, 중국 등에서는 경이라고 하면 불교성전 전체를 가리키는 경우가 많다. 일체경이라고 할 때는 경·율·논 전부를 포함하며 가장 중요한 것으로 인식되는 것이 대장경이다.

불교성전의 구성

과거에는 불교성전이라고 하면 한역대장경을 가리키는 경우가 많았다. 그러나 대륙에서 도래한 것 가운데에는 인도원전도 포함된다.

유럽에서는 18세기 말 무렵부터 인도고전 연구붐이 일어났다. 인도로 직접 유학을 가서 산스크리트어나 빠알리어를 배우고 돌아오거나, 나아가서는 중앙아시아의 사어死語를 연구하는 학자도 늘어났다. 이렇게 해서 수많은 불교성전 문헌이 알려지게 되었다.

예부터 그 양이나 질적이 면에서 가장 중요한 것은 역시 한역 대장경이다. 이 중 인도의 원전 일부는 서역의 사어를 번역한 것인데 한자로 4천만 자 정도인데 그 중 1/3이 경이며 나머지가 율과 논이다. 같은 원전의 이역異譯이나 중복도 있으므로 어느 정도는 빼어야겠지만 그래도 엄청난 분량이다.

불교성전의 성립에 관해서는 다소 상이한 추론이 있지만 여기서는 우선 세 가지 고찰을 주의해서 보기로 하겠다.

성전은 기록인가?

기원후 1세기 무렵부터 점차 한역된 성전을 받아들인 중국인은 이 대량문헌이 모두 붓다 석가모니의 입으로 설해진 기록인지 묻게 되었다. 또 잘 읽어 보면 같은 불교성전이면서도 상호 교리적 모순이 내포되었음을 알게 되었으며, 이러한 모순된 내용이 설해진 사유가 그 성전의 내부에 모두 설명되어 있음을 발견했다. 붓다는 청중의 능력에 따라서 각각 어울리는 가르침을 설했으므로 설법내용에 높고 낮은 차이가 있는 것도 당연했다.

그러면 어느 것이 고급이며 어느 것이 저급인가? 어느 것이 붓다의 진의眞意이며 어느 것이 방편설인가? 중국 종파 조직자의 최대 관심은 이 관점에서 경전을 분류하여 위치를 매겼던 것이다. 최고의 조직자인 지의智顗(538~597)는 『법화경』을 최우위에 두고, 이것만이 붓다의 진의이며 다른 경전은 모두 이 경전을 설하기 위한 준비이며 보조라고 순위를 정했던 것이다. 지의의 천태종을 시초로 해서 삼론종, 법상종, 화엄종, 진언종도 또는 율종, 선종, 정토종 등도 각각 '소의경전'을 지정하여 그 외의 경전에 종속적 지위를 부여했다.

이 분류방법은 너무나 주관적이어서 문헌학, 문헌사학에서의 관점으로 보면 문제점이 있지만 그 밖의 종파불교나 신흥교단에서는 현재도 이것에 의존하고 있다.

이들 견해의 공통된 점은 경전이라 불리는 전부를 붓다의 일대설법, 즉 붓다가 된 35세부터 입멸까지 45년 사이에 설해진 것으로 보는 점이다. 더구나 충실한 기록인지 여부에 관해서는 예로부터 일부에서 의혹을 가지고 있었다. 같은 이름의 경전이라도 번역에 따라 상당한 차이가 있는데, 이것이 충실한 기록이라고 할 수 없는 이유의 하나이다.

일본에서도 도미나가富永仲基(1715~1746)는 『출정후어出定後語』를 저술, 붓다 입멸 후에 순차적으로 시대를 쫓아 여러 가지 경전이 제작되었다고 논하였다. 무엇보다 대승경전이 역사상 붓다 석가모니의 가르침이 아니라는 생각, 소위 '대승비불설'은 인도에서도 오랜 옛날부터 지적되어 왔으나 중국이나 일본의 종파불교에서는 이 설을 금기시하였다.

일본에서는 20세기에 들어와서도 대승비불설 때문에 종문에서 박해 당하거나 종파로부터 추방 당한 예가 있을 정도였다. 현재는 각 종파의 '소의경전'이 불설이라는 것을 암묵리에 양해하고 있는 경우가 많다.

붓다의 진설

불교경전의 전부가 붓다 석가모니의 설법에 충실한 기록이 아니라는 것은 냉정히 보아도 승인하지 않을 수 없다. 그러나 그 성전 중에 적어도 일부분은 붓다의 진설이 아닐까? 내지는 진설의 부분을 포함하고 있지는 않을까? 이것이 두 번째 생각이다. 메이지明治(1868~1912)가 되어서 유럽 연구방법을 도입한 일본의 불교학자 대부분은 이 사고방식을 택했다. 그리고 기본적으로는 도미나가와 같은 방향으로 나아갔다. 이 사고를 요약하면 다음과 같다.

붓다는 45년의 포교활동 중에 대체로 같은 가르침을 설했다. 입멸 후, 대표적인 제자들이 모여서 성전을 편집했다. 그 중 1세기 또는 2세기 사이에는 순수한 가르침이 존속했으나, 교단 내부에 이설異說이 발생, 보수적인 상좌부와 진보적인 대중부로 분열했다. 더욱 각각 재 분열해서 어떤 시기에는 20여 분파가 대립하여 각각 다른 경전을 지니게 되었다. 훗날 수 세기가 지나서^{서력 기원 무렵} 이 상좌부에도 대중부에도 만족하지 못하는 그룹이 생겨 새로운 경전을 제작하고 자신들을 '대승'이라고 불렀다. 그리고 옛 것은 모두 '소승'이라고 폄하했다. 이것이 대승의 기원이다. 이 대승불교가 더욱더 분열되어 마지막으로 밀교가 출현했다.

 붓다 석가모니의 45년 활동 기간에 모든 경전을 끼워 넣으려는 첫 번째 견해에 비해서 이 연대적 발달이라는 두 번째 견해는 훨씬 합리적으로 보인다. 실제로 이 두 번째 견해는 지금도 많은 학자에 의해 지지되고 있으며 어느 정도 진실을 내포하고 있다고 인정하지 않을 수 없다.
 그런데 이 설도 자세히 고찰해 보면, 문제는 그렇게 간단하지 않다. 여기에는 다음과 같은 몇 가지 질문이 발생한다.
 첫째, 붓다는 45년 동안, 언제나 일관해서 같은 방식의 설교를 하였을까? 그보다도 오히려 상대의 교양이나 능력에 따라 다른 것을 설한 것은 아닐까?
 둘째, 입멸 직후에 경전을 편집한 것이 사실이라고 하면 현재 알려진 경전은 모두 그 내용으로 보아 분명히 수 세기 후에 편집된 것뿐인데, 어떻게 현재의 자료 가운데서 오래된 자료를 분별할 수 있을까?

셋째, 교단 전체가 1세기 내지 2세기 사이에 공통의 같은 경전을 계속 지녀왔다는 것은 사실일까? 오히려 붓다 입멸 내지 이전부터 경전에 관한 다른 의견이 공존한 것은 아닐까?

넷째, 대중부는 나중에 분열한 것이 아니라 붓다 입멸 전후에 이미 그 경향이 있었던 것은 아닐까?

다섯째, 대승조차도 그 경향으로 보아 옛날부터 존속했다고 봐야 하지 않을까?

여러 가지 경향

세 번째 견해에 의하면, 다음과 같이 추정한다.

붓다는 특정 교의를 선전하는 것을 목적으로 한 것이 아니라, 각각의 경우에 따라 상대를 적절히 지도하는 것을 목표로 하였다. 따라서 상대의 능력과 교양에 의해 설한 것이 언제나 같지 않았다. 예컨대 게으른 자에게는 근면을 가르치고 극도의 노력가에게는 절도를 지킬 것을 깨우쳤다. 이런 식이다. 붓다의 청중을 대별하면 출가수행자와 재가신자로 이루어진다.

인도 고래의 습관에 따라서 출가수행자는 모든 소유와 지위를 버리고, 가족과도 이별하고 직업을 버린다. 신자로부터 받은 의

복이나 음식물에 의해서만 생활하고 수행에 신심을 바친다. 붓다도 그 중의 한 사람이며, 종신토록 그런 수행생활을 계속했다.

붓다의 가르침을 믿어서 그대로 가정에 머물며 사회생활을 계속하는 사람들도 많다. 이들이 재가신자이다.

이 두 생활양식에 의해 종교생활도 두 자기 양상으로 구별된다. 출가수행자는 최고의 종교적 이상을 실현해서 해탈하여, 성자아라한의 경지에 도달하는 것을 목표로 한다. 따라서 냉정하고 이지적이어야만 한다. 해탈을 위해서는 세속적인 모든 상념, 심지어는 애정조차도 모두 포기해야만 한다. 연료가 다해 자연이 꺼지는 등불과 같은 상태를 이상으로 여기고 이것을 열반니르바나이라고 한다.

이에 비해서 재가신자는 가정이나 사회에 대한 세속적 의무가 있다. 필요에 따라서는 설령 자기를 희생해서라도 사람들에게 봉사하고 인류에게 도움이 되는 것을 이상으로 한다. 붓다는 재가신자를 위해서도 항상 설법하고 도덕을 지키고 종교적 이상을 구하라고 가르쳤다.

이와 같이 출가 수행자에 대한 경우와 재가신자에 대한 경우에서 붓다의 설법은 반드시 같은 취지가 아니었다.

붓다뿐만 아니라, 붓다의 제자 중에서도 자신들의 수행추구만 열심인 자들 외에 재가자의 정신적 지도에 헌신하는 자들도 있었다. 성자가 되어 세속을 초월하는 것을 보류하더라도 널리 교화하려고 염원한 자들도 있었던 것이다.

이처럼 생각하면 붓다의 재세 당시 이미 출가수행자와 재가신자라는 구별 외에, 출가수행자 가운데에는 오로지 자기 자신의 해탈을 목표로 한 눈 팔지 않고 초세속적인 수행에 힘쓴 자도 있었고 그와는 다소 취향을 달리 해서 일반사회를 상대로 교화에 사명을 둔 자도 있었다. 붓다의 종교 활동은 이 두 가지 방면을 모두 포함한 것이었다.

초세속적인 방식을 택한 수행자 중에서도 또한 여러 가지 다른 경향이 있었다. 붓다의 가르침을 말씀 그대로 받아들여 세밀한 점에 이르기까지 충실하게 실행하려고 노력한 자들은 붓다의 위대한 인격을 전면적으로 신뢰하고 그 가르침의 말씀을 하나도 잊지 않으려고 세심한 주의를 기울였다. 이것이 가장 보수적인 경향이다.

같은 보수라 해도 붓다의 가르침을 조직적으로 정리하여 체계를 잡으려고 시험한 자도 있었다. 그들은 붓다의 말씀에 순서를 붙여 정돈하고 일관된 논리로 나열하였다. 붓다의 말씀 가운데 모순되는 점이 있다면 이것을 정리하고, 또 불충분하다고 여겨지는 것은 체계적으로 이론적 보강을 해서 완전한 것으로 일궈내었다. 이러한 사람들은 보수적이었지만 반드시 전통의 형식에 구애받지는 않았다.

또한 사변을 즐기는 사람들은 붓다의 말씀보다도 오히려 그

의도를 살리려고 노력하였고 붓다가 이용하지 않았던 용어나 논법도 거리낌 없이 채용했다. 붓다는 교단의 통일을 고집하지 않았으므로 이와 같은 자유사상은 일찍부터 발달하게 되었다. 불교 본래의 목적에 위반하지 않는 한, 설하는 방법의 자유는 인정되었다.

출가교단 밖을 향해서 설하는 가르침은 처음부터 상대의 교양이나 능력에 따라서 행해졌으며 출가교단 내부에서도 초심자에 대해서는 개개인에게 맞는 교화방법이 이용되었으므로 모든 설법내용은 각각 다름이 있었다.

이상에서 종종의 구별을 상정하면 설법의 내용, 즉 기록과 저술한 경전은 천편일률적이지 않았다고 보아야만 한다.

가장 보수적인 경향의 경전은 비교적 유사한 내용이 반복되는 것이 많고 틀에 박힌 교설이 대부분이다. '원시불교'의 경전이라 불리는 것의 대부분이 그것이다.

철학적 사변을 전개한 경전은 논이라고 불리는 부분에 속하는데 부파에 따라 보수적인 것에서 혁신적인 것에 이르기까지 여러 가지로 분류된다. 또 사변적 경향은 논에만 한정되지 않고 경의 부문에서도 인정된다.

일반 사회인이나 초심자를 위한 설법에서도 대개 이지적인 것보다는 정에 호소하는 요소가 강하다. 이럴 때면 인간이란 존재의 이론적 분석이나 최고의 종교이상에 도달하기 위한 초세속적

수행 단계 대신, 일상생활 가운데 도덕이나 생활신조를 설하고 특히 붓다의 인격에 귀의하기를 권했다. 신앙 대상자로서의 붓다에 관한 이야기전생담을 포함해서가 서술되고 기적이나 이와 유사한 것이 진실로 받아들여졌다. 출가 수행자에게 있어서 붓다는 성자의 모범에 지나지 않지만 일반 신자에게 있어 붓다는 불가사의한 존재로 인간의 존재뿐만 아니라 신들이나 귀신들도 외경시하는 인물로 여겨 졌던 것이다.

이와 같은 견해로 본다면 불교교단 전체에 의해 이의 없이 승인받은 통일된 성전은 애초부터 한 번도 존재한 적이 없었던 것이었다. 나중에 서술하지만 붓다의 입멸 직후 마하가섭Mahākassapa 등의 정통파가 편집한 성전이 교단 전체의 통일된 견해를 보이는 것이 아니라는 사실에 의해서도 뒷받침되는데, 이는 중앙집권을 필요로 하지 않았던 불교 교단의 성격에도 합치될 것이다. 여기서 이 제3의 견해를 따르면 경전은 어떻게 해서 성립, 발전했을까? 우선 그 개략을 살펴본 후에 상세한 설명에 들어가기로 하자.

붓다의 시대

붓다 재세 중의 교단은 붓다로부터 직접 설법을 듣고 제자들은 이에 따라 수행, 사색했다. 제자들은 사회의 모든 층을 망라

하고 있었으므로 그 교양의 정도는 가지각색이며, 최고에서 최저까지 커다란 차이가 있었다. 이미 브라만의 철학을 모두 섭렵한 자가 있는가 하면 완전히 무지한 노무자도 있었다. 설령 해탈이라는 목적이 같더라도 사상의 내용이 전혀 다른 것은 말할 나위도 없다. 붓다는 교의의 사상이나 언어를 통일하려고 정하지 않았다. 제자들이 각자 그 능력과 경우에 응해서 수행하면 그것으로 족했다.

교단이 발달하자 붓다를 대신해서 대제자들도 설법했으나 사정은 전과 마찬가지였다. 붓다의 재세시에는 통일된 교단이라는 것이 사실상 존재하지 않았다. 그 대신 크고 작은 지부가 있어, 수백 명 혹은 각 개인이 독립해서 수행하였다. 붓다의 말씀을 직·간접으로 학습, 암기하여 연구하는 것이 중요했으며 초심자를 위한 강요도 이루어졌다. 그러나 그것을 가르치고 배우는 일은 각자의 언어를 쓰고 또한 적당한 설명이 수시로 부가되었다.

매년 우기에는 돌아다니지 않고 한 곳에 모여서 사는 습관이 있었는데 그 전후에는 학습내용을 서로 검토했다. 그러나 교단 전체를 공통하는 종합적 교과서는 없었다.

율의 기본강요는 교단의 초기에 정해지고, 매월 학습하고 반복하게 되어 있는 것은 교단 전체에 공통하는 것이었다. 그러나 토지 사정에 따라서 예외도 인정되었으며 그 중, 계율의 조항을 제정한 유래나 그와 관련된 삽화 등은 그룹에 따라서 항상 동일한 것은 아니었다.

 붓다의 교훈적인 말씀은 입에서 입으로 전해지고, 그룹마다 정리되어 갔다. 열성적인 제자들은 다른 그룹의 수집에서도 배우고, 많은 설법은 동시에 몇 가지 형태로 전해졌다. 특히 중요한 사건, 예컨대 바라나시의 교외에서 행해진 붓다의 최초 설법과 최초의 제자들의 입신入信에 관해서는 제자들도 열심히 배우고 외웠으며 그 형식도 어느 정도 일정했다.

 그 밖에 특별한 경우 특정 제자에게 이른 붓다의 말씀도 전해졌는데, 문제의 성질에 따라서는 교단 전체의 관심을 초래하지 않기도 했다.

 붓다가 재가신도를 위해서 말한 것 가운데는 출가교단 사람들에게 중요하지 않은 것도 있었다. 특히 초세속적인 수행에 전심하는 출가자에게 있어서는 알 필요가 없는 것도 있었다. 따라서 재가신도들 사이에서만 익혀진 것도 있으며 또한 출가수행자가 그것을 듣고 전하여 붓다의 말씀으로 기록한 경우도 있었다.

 이 시대는 문자로 써서 남기는 습관이 없었으므로 배우는 것과 암기는 같았다. 따라서 '많이 들었다多聞'란 박학과 같은 뜻이었다.

 배워야 할 것은 율과 경의 2대 부문으로 구분되므로 어느 쪽이 뛰어나느냐에 따라 전문적 분화가 발생하는 것도 당연했다. 이미 붓다 재세시부터 이 경향이 시작되었다. 원래 사끼야釋迦족의 이발사로 출가한 우빨리^{Upāli}는 율에 상세했고, 석가모니의 사촌인 아난다^{Ānanda}는 경에 해박했다.

  제자들은 기회만 있으면 서로 그 지식을 확인하고 또한 보완했다. 그러나 교단전체가 일정한 성전을 공인하는 일은 없었다. 율의 조문은 때와 경우에 따라 다소 증감하는 일이 있었고 경도 끊임없이 새로운 것이 보태어졌기 때문이다. 만일 의문이 생기면 직접 붓다를 만나 확인하는 일도 생겼다. 이러한 사정에서 율의 조문은 통일의 필요성이 요구되었는데, 경쪽은 반드시 교단전체를 대표하는 공통된 것에 한하지 않고 특수한 인물, 특정의 그룹 만이 아는 내용도 있었다. 특히 재가신자들을 위한 설법은 설령 붓다의 말씀이라도 출가수행자들에게는 흥미없는 내용도 있었다.

성전의 제정

  붓다의 입멸에 의해 사정은 일변했다. 나중에 서술하지만 주류파는 성전의 편집회의^{결집}를 소집해서 경과 율의 본문을 제정했다고 한다. 그러나 이 제1 회의에서 얼마나 본문이 제정되었는지 알 수 있는 자료는 전혀 없다. 현존 문헌과 연결 지어 고찰하는 것은 무리일 것이다. 율의 조문과 그 간단한 유래는 당시 누구라도 알고 있었다. 그러나 경에 관해서는 개개의 설법이 설해졌으며 특히 나중에 보는 것처럼 아함이나 니까야로 불리는 분류에 의한 것이 아니었다.

더구나 이 편집회의가 반드시 교단의 총의總意를 대표하는 것도 아니었다. 결집에 참가하지 않은 자들이 다른 회의를 소집했는지는 별도의 문제로 하더라도, 그들이 이 편집회의의 결의를 승인하지 않고 자신들이 직·간접으로 붓다로부터 들었던 대로 지키자고 선언한 적이 있었음은 분명하다.

따라서 이 편집회의 뒤에도 주류파에서 공인하지 않은 경이 별도로 존속했다고 보아야만 한다.

붓다의 재세 당시부터 이미 존재했던 많은 그룹은 붓다 입멸 후에도 존속했다. 주류파는 통일을 희망했으나 그것은 교단 전체의 의지가 아니었다. 지역별로 매월 일정한 날에 회합을 가지고 율의 조항에 위반했는지 반성하는 모임이 있었으므로 특수한 사태가 일어나지 않는 한 교단 전체가 한 장소에 집합하지는 않았다. 지역별 그룹 외에도 이동하는 그룹도 있었는데 각각의 지도자가 별도로 있었다. 또는 지극히 소수가 눈에 띄지 않게 그룹을 지어 수행에 전념하는 일도 있었다.

이러한 상태에서 여러 그룹의 상호 교류와 통합 또는 분리가 행해졌다. 교단의 분열은 커다란 범죄로 간주되었으나 기본적인 태도를 무너뜨리지 않는 한 이합離合은 비교적 자유로웠다.

그러는 동안에 성전의 유지에 관해서도 분업의 경향이 발생했

경의 성립 *27*

다. 성전은 문자로 기록되지 않고 구전되어 암기했으므로 전문가의 필요성이 있었던 것이다. 경^{수트라}을 많이 암기하는 자가 있어 이 사람은 일정한 본문을 암송하는 역할을 맡았다. 동일한 경이라도 구전에 의하여 점차 변화하는 경향이 있었으므로 동료가 같이 얼굴을 맞대고 암기한 것을 확인하였다. 율에 대해서도 마찬가지였는데 이것은 출가생활의 기본적인 법칙이었기 때문에 끊임없이 조회할 필요가 있었다. 이 밖에 설법을 전문으로 하는 자도 있었다. 이 사람은 경과는 달리 대화로 가르침을 설하여 들려주었으므로 개인적·즉흥적인 요소를 가미하고 있었다. 이 설법도 차츰 형태가 지워져 그 대부분은 경으로 채용되었을 것이다.

또한 이 밖에도 속설을 말한 것$^{티랏챠나-카티카\ tiracchana-kathika}$도 있었다. 이것에 관한 상세한 것은 불명인데 만일 단순한 비칭^{卑稱}이 아니라고 하면 통속적인 담화에 재주가 있는 건강한 출가자들의 것이리라.

한편 출가자들 가운데는 말하는 것을 꺼리고 명상을 하는 자도 있었다.*

> *이상의 구별은 빠알리문헌 『율장』 2·76, 3·159 에 나오는데 이에 상당하는 한역의 율에는 보이지 않으므로 반드시 오래 전부터 있었다고 단정할 수는 없다.

경은 차츰 그 수를 더하고 또 그룹에 따라 전하는 데도 차이가 생겼다. 붓다 석가모니가 입멸(기원전 480)*하고 나서 아쇼카왕의 즉위(기원전 260년경)까지 약 200여 년간 많은 경이 각각의 그룹에 의해 전해졌는데 대체로 공통된 것이 있었으나 다른 것도 있었다.

* 붓다의 입멸 연대에 대해서는 여러 가설이 있어왔고 경우에 따라서는 2~3세기씩 차이가 나기도 한다. 현재 세계적으로 통용되는 불멸 연대는 1956년 제 4차 세계불교도대회에서 결의한 '불멸 후 2500년을 1956년으로 한다'는 결정에 따르고 있다. 이에 따르면 붓다는 기원전 624년에 태어나 544년 입멸한 것이 된다. 〈편집자주〉

초기의 경전

문헌의 역사가 분명하지 않던 인도에서는 연대의 확실한 각문刻文이 특히 중요하다. 아쇼카왕의 바이라트법칙에는 일곱 개 법문法門의 제명을 들어서 남녀 출가수행자와 재가신자가 이것을 청문하고 사유할 것을 희망하였다. 이 법문은 특정한 경 또는 그것의 1장절이라고 생각되지만, 이 일곱 가지 법문을 현존하는 빠알리문헌 성전의 경과 비교하는 시험이 학자들 사이에 행해졌다. 현존 성전의 원형을 아쇼카법칙과 비교해본 결과 반드시 의견이 일치하지 않는다는 사실에 주목해야 한다. 또한 이 법칙의 용어는 오래 된 마가다지방의 방언으로 현재 알려진 빠알리어의 형태와 일치하지 않았다. 따라서 현존 빠알리문 성전 중의 경전과 유사한 것이 아쇼카왕 시대에 존재했다고 단정 짓는 것은 경솔한 판단이다.

 오히려 어느 정도까지 관련이 있는 경전을 아쇼카왕이 알고 있었다는 생각이 자연스럽다. 또한 이 칠경七經을 추천한 아쇼카왕의 태도에서 보아도 이 외에 많은 경전이 이미 존재했음에 틀림없다. 그러나 완성된 형태의 경전으로 후세에 알려진 삼장三藏: 피타카pitaka, 오부五部:니까야 nikaya라는 분류방법이 아쇼카왕 당시에 존재했다고는 볼 수 없다.

 기원전 2세기 내지 1세기로 추정되는 바르하트나 산치 수투파 stupa·탑에는 그것들을 기증한 사람들의 이름과 직업이 새겨져 있는데 이 중에는 '경經에 통한 자', '피타카에 통한 자', '5니까야에 통한 자' 등이 나온다. 특히 '5니까야'는 현존 빠알리문 경전의 분류와 같은 명칭이므로 이 분류는 이미 오래 전부터 알려졌다고 믿는 학자도 있으나 그것은 잘못된 것이다. '5니까야'란 원래 교설 전체를 가리키는 것으로 특정 경전의 분류 명칭은 아니다.*

   *E.Lamotte : Histoire du vouddhisme indien, Louvain 1958, p.157.

피타카는 원래 농籠이라는 뜻으로 개개의 경이나 율의 조문이 수록된 것을 가리킨다. 한자로 장藏이라고 한 것은 그 뜻을 취한 것이다. 나중에는 '삼장'이라 해서 경·율·논 3부의 총칭이 되었는데, 옛날에는 경과 율만을 지칭했으며 융통성이 있는 통칭이었다.

성전의 변천

시대의 흐름과 함께 옛날 경전은 수정, 개정, 증보되고 또 새로운 경전이 제작되었다. 경전의 편집과 유지에 가장 열의를 보인 것은 의심할 바 없이 보수적인 주류파였다. 그들은 나중에 반대파로부터 소승이라고 폄하되었으나 그 내부에서도 특히 경전을 중요시 하는 경향과, 경전에 의거하면서도 자유로이 사색하고 자신의 말로 새롭게 저술한 논에 중점을 두는 경향으로 나뉘었으며 각각 또 세분화되었다. 이처럼 붓다 입멸 후 5백년 정도 사이에 성전에도 커다란 변화가 있었지만 상세한 것을 확인할 방법은 없다. 서기 2세기에 서북인도에서는 카니시카왕의 쿠샨왕조, 같은 무렵의 남인도에서는 안드라왕조가 일어나면서 불교의 역사도 분명한 자료를 발견해 낼 수 있게 되었다. 중국에 불교가 들어간 것은 서기 1세기 무렵이었는데 본격적인 유행은 2세기 후반부에 들어서면서 부터이다.

소승과 대승

　중국에서 역경이 시작되자 대승과 소승의 성전이 함께 소개되었다. 이로써 계산하면 인도에서도 기원 무렵에는 대·소승 두 경전이 존재했음에 틀림없다. 대표적인 소승성전의 아함經과 율이 완성된 형태로 한역된 것은 5세기 이후이다. 또 남방 빠알리문 성전의 5니까야經와 율이 정비된 것도 같은 5세기 이후이다. 물론 그 이전에도 어떤 형태로든 존재하였겠지만 최종적인 단계로 도달한 것은 모두 5세기 무렵이다.

　5세기는 중국의 역경사에서 보면 쿠마라지바Kumārajīva가 『유마경』· 『법화경』 등 주요한 대승경전을 번역한 시대로 『화엄경』 60권이 420년에 번역된다.

　이처럼 대체로 확실한 자료를 기초로 해서 공평하게 논한 이상 대승경전이 소승경전보다도 나중 시대에 성립했다고 단정할 만한 증거는 발견되지 않는다.

　더구나 같은 소승경전 중에서도 한역 아함과 빠알리문 니까야의 동문同文을 비교해 보면 전자가 분명히 오래된 형태를 전하는 것이 많다. 예컨대 붓다의 최후 수개월을 기록한 『열반경』을 보면 빠알리문은 나중에 가필하거나 수정한 곳이 많다. 또는 소승에 속하는 한역 『증일아함』에는 소위 대승에 통하는 요소가 발견되는데 이것이 빠알리문보다 나중에 성립되었다고 인정해야만 할 이유는 없다.

대승경전도 거의 이와 비슷하게 발달했다. 즉 기원 무렵에는 주요한 원형이 성립되어 2세기경에 활발히 한역된 것이 오늘날 남아있는 것인데, 5세기가 되어 비로소 중요한 성전의 대부분이 번역되고 이들이 현재까지 독송, 연구되고 있다.

5세기 이후에도 빠알리문 성전은 세일론섬스리랑카에서, 그 밖의 대승과 소승 성전은 인도 대륙에서 성장을 계속하여 후세에 이르고 있다.

이상의 문헌사文獻史를 통해서 보면 빠알리문 성전이 그 밖의 불교성전보다 대표적으로 선행했다고 인정해야만 할 이유는 없다. 단지 빠알리문 성전의 전통은 분명히 보수적이었고 대승의 전통은 새로운 요소를 거리낌없이 받아들여 문헌을 확장해 갔다는 점에서 진보적이었다. 그러나 오랜 전통이라고 해도 대강大綱은 서력 기원 무렵, 즉 붓다 입멸 후 4~5세기 뒤에 성립되었다는 것이다.

빠알리문헌 성전이 소위 원시불교초기불교, 즉 붓다 석가모니와 그의 직제자들의 불교 자료라고 생각하는 학자가 있다. 지금도 이것을 믿는 사람이 있다. 그러나 이것은 하나의 가설이지 논증된 사실은 아니다. 빠알리문 성전의 구조에서 보아도 알 수 있듯이 그 성립은 수 세기 내지 9세기 정도의 세월에 걸쳐 이루어졌다.

빠알리문 성전과 이에 가까운 한역 소승경전은 보수적이고 초세속적인 출가교단의 내부에서 만들어졌다. 붓다 혹은 그와 동시대 출가수행자와 재가신자들의 사상은 아마 이보다도 훨씬 폭이 넓어서 이지理智적인 동시에 종교적 감정에도 호소하는 정조가 풍부한 것이었음에 틀림없다. 빠알리문 성전의 주체를 이룬 출가교단의 냉엄한 훈련과 냉정한 이론만이 붓다의 가르침이었다고 하면, 어떻게 그렇게 많은 온갖 계층에 걸친 다수의 제자와 신자를 불과 수십 년 사이에 획득할 수 있었겠는가? 현재의 인도 민중과 2천5백년 이전의 그들은 이 점에서 본질적으로 바뀐 것은 없을 것이다. 모든 신비성을 배제하고 신도, 기적도 없으며 종교의례도 행해지지 않고 다만 연기 이론을 이해하면서 신앙의 뒷받침 없는 윤리와 금욕생활만을 요청하는 종교에 수천의 무지한 대중이 어떻게 따를 수 있겠는가? 그 이유 하나만을 보더라도 붓다 시대의 불교는 현존 빠알리문 성전보다도 훨씬 종교의례나 신앙 요소가 많았음에 틀림없다.S.Schayer, J.Przyluski, C.Regamey, A.B.Keith 즉 빠알리문 성전은 일찍이 실제로 존재했던 가르침 중에서 출가교단에 어울리는 것만을 골라서 새롭게 편찬했던 것으로 고찰된다.

빠알리문 성전의 평가

　사람들은 흔히 빠알리문 성전, 특히 그 원형은 신비적·신화적·기적적 요소가 부족하다고 한다. 그러나 붓다의 선교 초기에 이단자 깟사빠 3형제가 입교한 동기는 붓다가 보인 기적이었다. 이것은 빠알리문 성전의 가장 오래된 것에도 출전된다. 이 기적의 설화를 의심한다면 바라나시에서 행한 붓다 최초의 설법조차도 의심해야만 할 것이다.
　역사적 서술뿐만 아니라 교의에 관해서도 문제가 있다. 옛날 형식의 학자는 다른 전통 – 예를 들면 빠알리문과 한역의 아함이나 율 – 에서 공통된 문장을 옛날 형식이라고 인정하고, 원시불교의 사상형태에 들어맞지 않는 것은 후세에 첨가한 것으로 정했다. 그러나 이것도 정도 문제이지 반드시 그렇지만은 않다.
　한 파의 교리로 알려진 것에 대해서 이와는 다른 이질적인 요소가 그 파의 성전 속에서 발견될 경우에 우리는 이것을 어떻게 해석해야만 될까? 편집자의 과실이 아닌 한, 자설自說과 모순되는 설을 일부러 나중에 삽입했다는 것은 사실로서 상정하기 힘들다. 오히려 옛날부터 있었던 문장을 정리하지 못하여 남아있다고 보는 편이 자연스러울 것이다.
　가령 불교 세계관에서 인간 구성의 요소를 빠알리문과 한역 아함에서는 일반적으로 일정한 공식에 따라 설명한다. 소위 오온·12처·18계 등이다. 그러나 '지·수·화·풍·공空·식識'의 6원소로 설명한 특수한 예도 있다.*

> * 빠알리문 『증지부』 1·175 이하. 『중아함』 권 3(대정장 1·435), 권 42(690). 『아함구해 12인연경』 1·175이하. 『중아함』 권 1(대정장 29·6)과 동구역(同舊譯) 권 1(대정장 166하), 『순정리론』 권 3(347상), 『현종론』 권 3(787) 등에 인용되어 있는 『다계경』이다.

이것은 소위 원시불교의 공식적 견해와는 다른 것인데 나중에 혼입되었다고 보는 것은 무리다. 오히려 부파적인 불교가 성립하기 이전부터 있었던 오래된 사상으로 나중에 성전을 편집할 때 정리하지 못하고 남아있게 되었다고 볼 수 있다.Schayer

소위 원시불교

일반적으로 원시불교의 교리로 인정되어 암암리에 붓다 석가모니의 진설이라고 여기어지는 것 중에서도 부파불교가 되고 나서 비로소 성립된 것이 많다. 학자들Louis de la Vallee Poussin, A.B.Keith 이 이미 제출한 문제만으로도 다음과 같은 점을 고려해 보아야 한다.

적어도 교단 성립 당시 여러 가지 기사를 종합해서 생각하면 붓다 자신이 도달한 경지와 제자들의 그것 사이에 구별이 지워져 있지 않았다. 나중에 소승계의 부파에서는 붓다는 단지 한 사람이며 제자들은 4향 4과라는 8단계로 구별되었고 아무리 최고위아르하트, 아라한에 도달해도 붓다는 아니다. 그러나 대승설에 의하면 모든 제자는 붓다가 될 가능성을 지니고 있다. 모든 사람이 붓다가 될 수 있다는 사고방식에 관한 한, 소승보다도 대승 쪽이 오히려 본래 가르침에 가까울 것이다. 그리고 출가 수행자에만 그치지 않고 재가신자들도 붓다가 될 가능성이 있다고 본 것이다. 그러나 출가수행자의 교단에서는 수행의 엄격함을 강조하고 붓다를 특수한 예로 밀어 넣었던 것이다.*

* 그러나 빠알리문 성전 중에서 가장 오래된 것인 『숫타니파타』에서는 붓다를 복수로 사용한 예(81,86,386,523송)가 있는데, 이는 수행승 가운데 우수한 자들을 가리키고 있다. 옛 교단의 실정을 전한 것일지도 모른다.

소승에서는 붓다 석가모니가 붓다가 되기 이전의 상태를 보살이라고 한다. '붓다가 되도록 예정된 자'라는 의미이다. 소승에서는 석가모니와 미래의 붓다로 예정된 마이트레야미륵만을 보살이라고 하는데 대승에서는 보살의 수가 많다. 어떤 의미로는 불교를 지향志向하는 자는 누구나 보살이라고 할 수 있다. 이러한 점에서 대승에서는 보살사상이 널리 행해졌다.

보살과 관련해서 그 수행방법으로 파라미타$^{paramita\ 바라밀:\ 완전,\ 극치}$를 설한다. 일반적으로 보시, 지계, 인욕, 정진, 선정, 지혜의 여섯 가지를 말하는데 특히 지혜의 파라미타$^{prajna-paramita\ 반야바라밀}$를 강조한다. 이에 관해서『반야경』이라는 방대한 문헌이 이루어졌다. 여기서 지혜란 만물을 바르게 관찰하고, 진상^{眞相}을 아는 것으로 '집착하지 않는다^{空}'라는 인식에 의해 성립한다. 이것도 대승경전의 특색인데 소승경전에서도 이것이 설해져 있다. 아니 최초의 불교로 거슬러 올라갈 수 있다.

한편 소승경전에서는 '무아^{無我}'의 사상이 강조된다. 그리고 이것은 소위 원시불교의 근본사상의 하나라고 믿어왔다. 붓다가 어떤 때는 무아를 가르쳐서 제자들을 집착에서 해방시켰던 것은 사실이다. 그러나 불교의 세계관 전체의 근본이 자아의 부정이라는 관점은 의심해볼 여지가 있다. 무아라고 해도 '아^{我}가 존재하지 않는다'는 뜻이 아니라 오히려 '이것도 아^{我}가 아니다', '저것도 아^{我}가 아니다'라는 식으로 일상에서 경험되는 현상 하나하나를 객관^{色}과 주관$^{受·想·行·識}$의 양방에서 그것들이 아^{我}라는 것을 부정해 간다. 이렇게 하면 현상을 초월한 곳에서 진정한 아를 발견할 수 있게 된다. 대승의 경전 -『승만경』·『대반열반경』- 등에서 '여래' 또는 '여래의 법신'이라고 이름 붙여진 이상태^{理想態}를 '아'라고 설한 것은 논리적으로 당연할 뿐만 아니라 붓다 본래의 의도가 거기에 있다고 보아도 전혀 부자연스럽지 않다. 오히려 이 본래 입장을 잊고 현상계의 '무아'를 모든 것에 확대해서 해석해 버린 것이 소승의 경전, 소위 원시불교의 성전인 것이다.

무상無常에 관해서도 마찬가지여서 '제행무상諸行無常'이란 '모든 것의 현상은 무상無常'이라는 뜻이므로 현상계를 초월한 깨달음의 세계이다. 그러나 붓다의 경지는 무상이 아니다. 대승경전에서는 이것을 적극적으로 서술하고 있는데 소승 쪽에서는 무상無常만으로 국한시켜 설하고 절대의 경지에 관해서는 고의로 밝히기를 꺼렸다.

성전의 과정

산스크리트어, 빠알리어 등의 원전이나 한역, 티벳어역 기타 많은 언어로 현존하는 엄청난 분량의 불교성전은 어떻게 성립했을까? 이 질문에 대답하는 것은 쉬운 일이 아니다.

대체로 불교성전은 모든 신앙의 입장에서 말하자면 - 특히 그 중에서도 경經이라고 불리는 부분은 - 붓다와 직·간접으로 어떤 관련을 가지고 있거나 혹은 가지고 있다고 믿어진다. 여기서 붓다란 역사적으로 실재한 석가모니를 말한다.

석가모니는 소크라테스나 예수와 마찬가지로 세상에 저술을 전혀 남기지 않았다. 때와 경우에 따라서 듣는 자에게 알맞는 가르침을 설했는데 그 가르침은 기록으로 전해지지 않았다. 많은 경우에 특정의 청자만이 그것을 기억해두었을 뿐이었다.

그러나 예수의 공적활동은 3년을 넘기지 못했다. 소크라테스는 20년 이상을 아테네 시민에게 이야기 했으나 상대의 범위는 한정되어 있었다. 이 점에서 2천명 이상의 출가수행자 교단을 이끌고 대소 10여 개 나라의 국왕에서부터 최하층에 이르기까지, 모든 사람들의 신앙을 받아들이고 넓은 지역에서 반세기 가까이 쉬지 않고 포교한 석가모니는 위의 두 사람과는 크게 다르다. 붓다가 실제로 이야기한 분량은 엄청났음에 틀림없을 것이다.

붓다 입멸(기원전 480년경) 직후 제자들이 집합해서 붓다가 설한 말씀을 편집하고, 이것을 후세에 전한 사실은 여러 가지 문헌에 기록되어 있으므로 아마도 역사적 사실일 것이다.

많은 문헌에서 일치하는 요점은 다음과 같은 것들이다.

붓다의 제자들 중에서 수석인 마하깟사빠(가섭)가 회의를 소집했다. 장소는 마가다국 교외였다. 아라한(아르하트)의 경지에 도달한 수행승 5백 명이 집합해서 우선 우빨리(우바리)가 율律의 부분을 그가 기억한 것에 따라 낭송했다. 계율의 하나하나 항목이 언제, 어디서, 누구에 의해 규정되었는가 하는 것을 서술했던 것이다. 출석자는 만장일치로 우빨리의 말이 옳다고 승인했다.

이어서 아난다가 지명을 받아 경經의 부분을 읊었다. 이것도 전원 이의없이 채택되었다.

이리하여 경과 율의 본문이 확정되고, 출석자 일동의 이름에 의해 공인되고, 전해지게 되었다.

편집되었다고 해도 문자로 쓰여진 것은 아니었다. 문자의 용법이 이미 알려져 있긴 했으나 인도에서는 그 사용이 세속적인 목적에만 한정되어 종교적인 목적에는 사용되지 않았다. 그렇다고 해서 문자로 쓰여진 문헌보다 불안정하다고는 볼 수 없었다. 실제로 바라문교의 성전 - 그 중에서 가장 오래된 것은 기원전 천년 이상이나 된 것 - 을 보아도 엄청난 분량이 문자가 아닌 구전에 의해서 현재까지 정확히 전해지고 있다.

이 점에서만 보아도 붓다의 입멸 후 편집된 성전이 그대로 후세에 전해진 점은 전혀 이상할 이유가 없다는 것이다.

실제로 스리랑카에 전해지고 동남아시아의 넓은 지역에 행해지고 있는 빠알리어 성전은, 그 한 파의 전승에 의하면 제1회 편집회의에서 결정된 그 책이라는 것이다.

이 설은 19세기 후반 유럽에서 빠알리어 성전 연구가 시작된 이래, 적어도 어느 정도까지는 진실을 전하고 있으며 현재에도 일부 학자 사이에서는 조건은 있지만 어떤 형태로든 승인되고 있다.

그러나 또 다른 면에서 생각하면 현재 읽혀지는 빠알리문 성전이 제1회 편집회의에서 결정된 것의 충실한 전승이라고 믿는다는 것은 우선 불가능하다.

붓다 석가모니가 사용했던 언어는 마가다국을 중심으로 한 동방 방언이라는 점은 의심할 여지가 없다. 그런데 빠알리어가 어디를 고향으로 하는가에 관해서 학자들에 따라 여러 가지 가설이 제출되었는데, 결론은 오히려 인도 서북부의 방언에 가까워 동방방언과는 많이 다르다는 것이 밝혀졌다. 더구나 같은 서북부 방언 중에서도 기원전 3세기 초기의 것^{비문}과 비교하면 발음의 평활화^{平滑化}*정도가 한층 더 진행되었으므로 적어도 그 이후 단계에 속하는 것임에 틀림없다는 것이다. 이러한 이유에서 언어의 변천사로 볼 때 빠알리문 성전이 붓다 당시의 모습을 충실하게 전하고 있는 것은 아니라고 단정할 수밖에 없다.

* 일례를 들면 상이한 자음의 결합이 동일자음의 결합에 변화하는 현상으로 라틴어와 근대 로망스어(이태리어 기타) 사이에서도 유사한 현상이 나타난다.

두 번째 이유는 빠알리문 성전의 편집형식의 문제에 있다.

현존 빠알리문 성전 중 경만을 한정하면 『장부』·『중부』·『상응부』·『증지부』·『소부』의 5부로 구별된다. 비교적 긴 경전 34개를 수록한 『장부』, 중간 길이의 경전 152개를 수록한 것이 『중부』이다. 이보다도 짧은 다수의 경을 내용의 종류에 따라 분류한 것이 『상응부』이다. 또한 각각의 경 가운데 취급되어진 제목이

하나로 연관되든지 아니면 2, 3, 4…… 내지 11등의 숫자와 연관되느냐로 구분한 것이 『증지부』이다. 가령 시식施食에 다섯 종류가 있다고 하면 5의 부에, 지진에 8종류가 있다고 하면 8의 부에 수록한다. 『소부』는 짧은 교훈을 모은 것에서 전생이야기 등, 크기나 내용이나 문체가 모두 크게 다른 열다섯 개의 작품을 수록했으므로 반드시 작은 것이라고는 볼 수 없다.

이와 같은 분류방법은 이미 그 이전의 긴 경전 성립사를 예상케 한다. 수세기 사이에 입에서 입으로 전해지는 동안 암기에 적합한, 또 사색하기에 좋게끔 차츰 편집되었음에 틀림없다. 분량으로 보아도 이만한 문헌이 단 1회의 회의로 편집되었다고는 도저히 믿을 수 없으며 편집형식이라는 점을 포인트로 놓고 생각해도 많은 세대를 거쳐 형성되었다고 추정할 수밖에 없다. 위에서 서술한 5부의 분류 이전에 다른 분류방법 - 가령 경전의 형식에 따라 9분, 또는 12분으로 한다 - 으로 알려진 것을 현존 경전의 본문 중에서 읽어낼 수 있으므로 현재와 같은 성전의 구분이 원초적인 것이라고 인정할 수 없다.

빠알리문 성전이 최고층最古層을 보인다는 것을 의심할 수 있는 세 번째 이유는, 이와 유사한 다른 경전 모음과의 비교 문제이다.

이미 서술했듯이 한역 대장경은 여러 경향의 경전을 포함하고 있는데 그 중 한 부분인 아함이라는 부류는 빠알리문의 『장부』,

『중부』, 『상응부』, 『증지부』에 상당하는 『장아함』, 『중아함』, 『잡아함』, 『증일아함』을 주체로 한다.

상당한다고 했지만 하나하나 점검해 보면 경전의 순서나 배열이나 소속에서 상당히 다르며 같은 경전이라도 내용이 다른 것도 많다. 또한 빠알리문과 한역 중 한쪽이 완전히 누락된 것도 적지 않다.

그리고 단편이지만 한역 외에 산스크리트어 원전의 아함이 중앙아시아에서 발견되었다. 또 티벳어 대장경 안에서도 동류 경전이 있다는 것이 확인되었다.

이와 같이 빠알리문 성전과 평행해 가는 종류의 문헌집이 일찍이 인도에 존재했다는 것이 밝혀진 것이다. 만일 다른 성전이 모두 빠알리문 성전에서 파생되지 않은 이상은 이러한 역사적 권위를 무조건 인정하지 않을 수 없게 된 것이다. 요컨대 몇몇 평행하여 존재한 불교 부파가 각각의 성전 결집을 가졌고 빠알리문 성전은 그 중 하나의 부파 분별설부(分別說部)의 전승에 지나지 않다는 것이다. 이런 부파의 전통이 스리랑카라는 토지에서 현재까지 존속하였기 때문에 비교적 정리된 형태로 빠알리문 성전이 보존되어 온 것에 지나지 않다.

한역의 네 아함은 단일 부파의 전승이 아니라 각각 다른 부파에 소속하는 아함이 어쩌다 하나씩 한역되어, 4부 아함 - 『잡아함』에는 별역別譯도 있다 - 이 갖추어지게 되었던 것이다. 이 네

아함 이외에 여기에 소속된 개개의 경전 중에는 별도로 단독으로 번역된 것도 있으며 또는 5~6회나 이역異譯된 것조차 있다. 그리고 같은 경전이라도 번역에 따라 내용의 차이도 있어 원본이 몇 가지 방법으로 번역된 경우가 발생하게 된 것이다.

원초형태설

유사한 내용을 지닌 경전이 몇 개나 병존하는 것은 어떤 의미일까? 만일 가정해서 전승된 여러 가지 중에 하나가 가장 오래되었고 나머지는 그 하나에서 파생된 것이라면 문제는 비교적 간단히 해결될 것이다. 그러나 이 가능성은 전혀 생각해 볼 수 없다.

다음에서 생각해 볼 수 있는 것은 일찍이 하나의 원초적인 성전집이 존재했다고 가정하고 시대가 내려감에 따라서 이로부터 여러 가지 변형이 파생하여 나중에 원초적인 성전이 모습을 잃고 파생적인 것만 존속했다고 추정하는 것이다. 만일 이 가설을 인정한다면 본래 아주 짧은 경전만이 있던 것이 시대와 더불어 성장해서 수많은, 길고 상세한 경전이 성립되었다고 볼 수 있다.

이 가설에 따르면 현존 각종 자료를 비교함에 따라 특히 공통된 요소를 도출해서 간결한 형태를 재구성하면 잃어버린 원시불교의 성전을 재현할 수 있을 것이다. 예컨대 빠알리문과 한역 사이에 공통된 기술은 한쪽에 결여된 기술보다도 역사적으로 오래되었고 또 복잡한 기술보다도 간결한 기술이 오래된 것이다. 기억하기 편리한 점을 고려해서 운문은 일반적으로 산문보다도 오래되었다는 점을 더한 학자도 있다. 지금부터 40년 전 학계의 논쟁을 일으킨 원시불교 또는 근본불교의 논의는 이와 같은 가설 위에 성립된 것이었다.

경전의 성립과 발전·분화

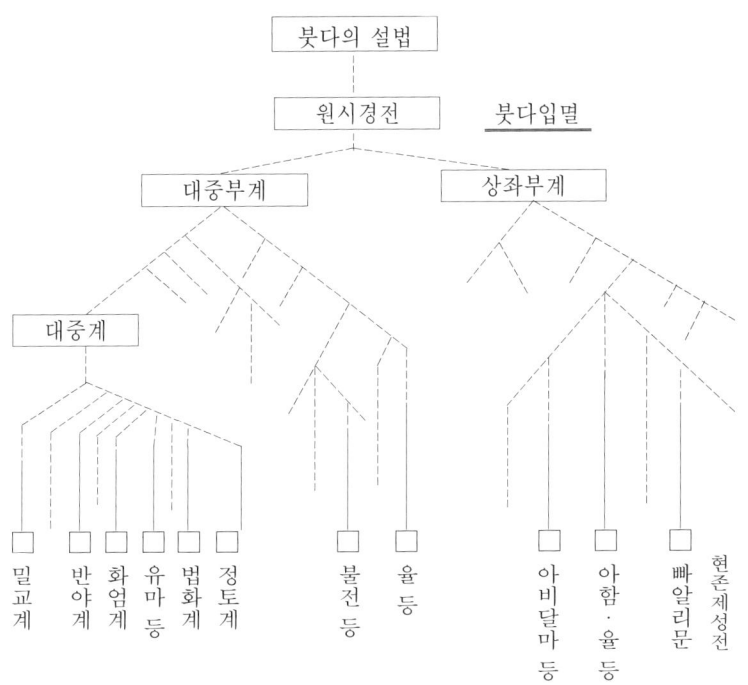

경의 성립 47

원초설의 난점

그러나 이러한 의미에서의 원시불교 혹은 원초적인 성전이라는 가설에는 몇 가지 난점이 있다.

가장 큰 문제는 그러한 가정적인 성전이 정말 존재하느냐 하는 점이다. 빠알리문 성전 중에서 하나의 경전을 예로 들어 검토해 보면 그것이 본래부터 그러했던 것이 아니며, 훨씬 간결한 원형이 선행했으리란 것은 쉽게 상상된다. 틀에 박힌 표현형식이나 닮은 문장의 반복 등을 보는 것만으로도 그러한 것이 상상된다. 빠알리문뿐만 아니라 이와 유사한 한역 아함도 마찬가지여서 현존하는 한 경전을 고찰해 보면 가장 간결한 형태에서 발달했음을 알아차릴 수 있다.

더구나 몇 가지 다른 번역이 현존하는 한역경전을 비교해 보면 간결한 것에서 차츰 복잡한 것으로 발전해 간 흔적을 더듬어 볼 수 있다. 일반적으로 인도원전은 소수 사본을 제외하고는 연대를 결정하기 어려운데 한역은 연대가 거의 분명하므로 새로운 것일수록 본문이 확장되어 간 경과가 분명하다.

이 방법을 확대해서 추정해 갈 수 있다면 앞서 말한 가정에서의 원형을 재건할 수 있지만 이 방법의 적용에는 한도가 있다.

가령 붓다의 최초 설법은 바라나시 교외에서 5명의 수행승을 위하여 행해졌다. 불교의 포교 개시를 의미하는 중대한 이 사건은 빠알리어, 산스크리트어, 한역, 티벳어역 등 여러 경전에 나오며 요점도 모두 일치한다. 그러나 세부는 반드시 동일하지 않다. 종교문헌으로 보는 한, 그 어느 것도 구성의 통일이 있고 함부로 첨삭할 수 없다. 모두가 각각 훌륭하게 정리된 작품이다. 이들 제본에 공통된 요소만을 추출해서 소위 최대공약수적인 책을 만드는 것도 불가능하지는 않다. 그러나 이에 의해 옛 형태가 재생되는 것은 아니다. 각각의 독특한 맛을 잃게 되면 원형에 가깝다는 보장도 얻을 수 없다.

붓다의 최초 설법은 중요한 사건인 만큼 붓다 재세 중에도 제자들 사이에서 자주 화제에 올랐음에 틀림없다. 처음에는 이 설법을 직접 들었던 다섯 제자들의 입에서 나와 가장 기념될 만한 설법으로서 입에서 입으로 전해지는 가운데 몇 가지 형태가 고정되었다. 그러므로 붓다의 최초 설법이 엄밀하게 역사적인 의미에서 어떠했는가를 우리가 학문적인 방법으로 확인하는 것은 불가능하다고 말하지 않을 수 없다. 그와 동시에 또 모든 전승이 붓다의 진의를 전하는데 충실하다는 점을 인정하지 않으면 안 된다.

따라서 이제 예를 들었던 최초 설법만 한해서 생각해 보아도 그 중의 특정 부분에 관해서 A본은 B본보다도 오래된 형태를 보존하는 경우도 있고, 나아가 그것을 확대해서 A본은 B본보다도 오래 된 전승에 속한다고 추정할 수 있을지도 모른다. 그러나 그렇다고 해서 A본에서 B본이 파생했다고는 말할 수 없고 또 A본과 B본의 공통 기원으로서 일찍이 X본이 존재한다고 상정하는 것도 쉽지 않다. 요컨대 A본쪽이 B본보다도 오래 된 형태를 유지하고 있다는 정도밖에 알 수 없다는 것이다. 원초적인 성전 내용은 물론이려니와 그러한 본*이 일찍이 존재했다는 것조차 단정 지을 수 없다.

  불교 성전보다도 훨씬 간단한 기독교의 복음서에서조차 같은 문제가 있다. 가령 '산상수훈山上垂訓'으로 유명한 마태에 의한 복음서 제5장과 '평지의 설교'로 알려진 누가의 복음서 제6장 20 이하를 비교해 보면 공통의 기원이 있다는 것을 상상할 수 있지만, 마태나 누가가 아닌 X복음서를 상정하는 것은 의미가 없다. 예수의 제자 중에 어떤 사람들은 마태가 전한 형태로 전했을 테고 또 다른 사람들은 누가의 기록과 같이 들었을 것이다. 그 중 하나의 어구에 관해서 가령 '마음이 가난한 사람들은 행복하다'와 '당신들 가난한 사람들은 행복하다'를 비교해서 어느 쪽이 원형에 가까운가 하는 것을 논할 수는 있지만, 마태나 누가도 아닌 X복음서의 존재를 상정하는 것은 신앙의 입장에서는 물론 역사적 연구로서도 무리일 것이다.

성전과 사실史實

왜 이런 문제를 들고 나왔는가 하면 빠알리문 성전의 연구가 시작되고 이어서 한역 제본과의 비교연구가 행해진 19세기말은 다행인지 불행인지 실증주의가 꽃피웠던 시대였다. 종교현상에 대해서도 역사적 사실事實은 반드시 객관적으로 해명되어야 한다는 전제에서 연구가 진행되었다. 따라서 붓다가 어느 날 바라나시 교외에서 다섯 수행자를 위해 설법했다고 하면 그것은 사실로서 해명되어야만 했다. 기타 설법에 대해서도 객관적 사실, 즉 붓다가 실제로 설했던 내용을 밝히는 것이 가능하다는 실증주의적 낙관론이 원시불교나 근본불교의 논의를 불러 일으켰던 것이다.

붓다가 45년에 걸친 종교 활동에서 많은 이야기를 하고 많은 제자들이 그것을 듣고 후세에 전하려고 노력했다. 그것만은 분명하며 의심할 여지가 없다. 그러나 붓다의 말을 기억해 두려는 노력이 시작된 그 때, 이미 전승은 여러 가지 형태를 취한 것이다. 그리스도의 '산상수훈'과 '평지의 설교'의 차이보다도 훨씬 복잡한 상위相違가 붓다의 말을 기록했던 처음부터 있었다고 생각할 수밖에 없다. 제자들이 기록하기 이전에 붓다가 실제로 무엇을 말했는지 알 도리는 없다.

그리스도뿐만이 아니다. 소크라테스가 아테네의 법정에 서서

변호한 다음 사형에 처해진 역사적 사실에 대해서는 의심할 여지가 없지만, 플라톤의 『소크라테스의 변명』에 기록된 말을 소크라테스가 말했다는 보증은 전혀 없다. 소크라테스가 실제로 말한 것은 영구히 사라졌으며 어떤 방법에 의해서도 재생할 수 없다. 그럼에도 불구하고 소크라테스의 정신은 플라톤의 작품을 통해서 우리에게 전해진다. 불교의 성전도 마찬가지다.

교단의 여러 파

소크라테스나 그리스도에 비해 붓다의 말은 훨씬 많은 분량이 남아 있을 뿐만 아니라 그 전승도 여러 가지다. 이것에 관해서는 붓다의 활동기간이 길고 또 여러 계층을 대상으로 했다는 것 외에 다음과 같은 사정도 고려할 수 있다.

우선 붓다시대나 그 이후에도 불교교단을 통일하려는 적극적인 노력이 전혀 이루어지지 않았다. 붓다의 재세 무렵에는 제자들이 붓다로부터 직접 혹은 다른 스승을 통해서 붓다의 지도를 받았다. 그리고 각자 다른 곳에서 자치적으로 운영된 교단의 지부가 있었고 전체를 종합, 통일하는 본부라는 기관은 존재하지 않았다. 교의의 통제나 성전의 제정도 행해지지 않았다. 붓다 자신도 '나는 교단을 통제할 생각이 없다'『열반경』라고 명백히 밝히고 있다.

따라서 붓다로부터 직접 가르침을 듣고 혹은 스승이나 선배로부터 듣고서 그대로 이해하고 기억해두면 그것으로 끝난 것이다. 그러므로 실제 문제로서는 지역적으로 특색 있는 성전이 성립될 토대가 처음부터 있었다.

지역별 외에 두 번째로는 붓다의 유력한 제자들의 각 그룹마다 서로 다른 특색이 형성되어 갔다. 이것은 지역의 구분과 일치하는 경우도 많지만 무리를 이루어 포교 여행을 한 수행승들로서는, 저절로 의기투합하는 그룹이 이루어졌던 것이다. 붓다 초기의 2대 제자인 사리뿟따 Sāriputta 사리불와 목갈라나 Moggallāna 목건련 두 사람은 붓다보다 앞서 입멸했는데 그 유덕遺德을 기리는 그룹이 후세까지 존속했다는 것은 나중에 법현과 현장의 견문에도 기록되어 있다.

앞서 서술했듯이 붓다의 입멸 후, 곧이어 마하깟사빠 가섭가 중심이 되어 회의를 소집하고 우빨리 우바리가 율을, 아난다가 경을 낭송하여 성전을 제정했다고 한다. 그런데 이 회의 기사를 음미하면 몇 가지 문제점이 나온다.

그 하나는 가밤빠띠 Gavāṃpatim에 관한 설화이다. 그는 이유가 있어 천상계에 머물게 되었다고 한다. 마하깟사빠 가섭가 심부름꾼을 보내어 종교회의를 위해서 하계로 내려오라고 말을 했지만 가밤빠띠는 '붓다가 입멸하신 이상 나도 입멸한다'고 하여 그 자리에서 입멸했다고 한다.

또 하나는 뿌라나(Purāna)에 관한 것이다. 그가 많은 수행승을 이끌고 포교 여행에서 마가다국의 수도로 돌아왔을 때, 성전편집이 행해졌다는 것을 들었다. 마하깟사빠의 그룹은 자기들이 편집한 성전을 그도 승인하라고 권유했으나 뿌라나는 이렇게 대답했다.

> 여러분들이 성전을 편집한 것은 좋다. 그러나 나는 내가 존경하는 분에게 직접 들은 대로 보전하겠다.

이 뿌라나의 말은 빨리문에도 한역에도 기록되어 있는데 기술은 약간 다르지만, 모두 마하깟사빠가 주최한 회의의 결정을 무조건 승인하지 않았던 그룹이 있었다는 사실을 보여주는 예라 할 것이다.

마하깟사빠와 우빨리, 아난다 등 3대 제자가 협력해서 이 편집회의를 지도했다고 하는데 아난다에 대해서는 의문이 없질 않다. 많은 서적에 의하면 처음에는 아난다 혼자만이 아직 성자의 경지에 오르지 못했기 때문에 참가를 거절 당하고 당일이 되어 겨우 자격을 인정 받았다고 한다. 또한 편집 후에도, 붓다 재세 중에 아난다가 취한 행동에 관해서 마하깟사빠로부터 비난을 받았다. 이러한 사실이 어떠한 역사적 사실을 반영한다면 아난다의 처우에도 문제가 있고 회의의 대표격인 3대 제자 사이에도 의

견의 차이가 있었다고 생각할 수 있다. 아무리 집안 문제라 해도 적어도 교단의 근본문제에 관해서 마하깟사빠와 아난다 사이에서 철충해야만 하는 사항이 있었다고 보아야만 할 것이다.

나아가서 5백 명의 성자 회의에 참가하지 않은 다수의 수행승이 별도로 모여서 성전의 편집을 했다는 기사도 있다. 마찬가지로 마가다국 당시의 수도인 라자가하^{Rājagaha} 교외의 다른 장소에서, 현장$^{당나라\ 구법승}$은 대중부의 성전편집 유적을 보았다고 했다. 현장에 의하면 이 회의는 자격을 성자로 한정하지 않고, 성자 이외의 사람들도 포함된 많은 대중이 참석했으므로 대중부라고 이름 붙였다고 한다.

이 대중부 편집회의는 앞서 서술한 5백 명의 성자, 소위 상좌부의 회의만큼 명확한 기록이 남아있지 않으므로 구체적인 사실이었는지 의심이 된다. 그러나 적어도 5백 명의 회의와는 다른 성전의 전승을 가진 그룹이 몇몇 있었다는 점은 전기^{前記}의 여러 삽화에서도 추찰할 수 있다.

상좌부와 대중부

대중부와 상좌부의 분열이 표면화된 것은 붓다 입멸 후 백년 뒤의 일로 계율 문제에 관한 의견이 대립되고 부터라고 한다. 그렇지만 이미 서술했듯이 성자의 경지를 목표로 엄중한 계율생활을 하는 수행승 외에 일반사회와 가장 가까이 접촉해서 대중의 교화에 헌신했던 수행승이 이미 붓다 시대에도 있었다는 것은 사실이다. 가령 삔두라^{Pindola}는 우수한 수행승으로 성자의 경지에 도달했으나 이유가 있어 입멸하지 않고 영원히 사람들의 교화에 종사하게 되었다. 나중에 중국에서는 식당에서 그의 상(像)을 걸어 놓고 기리는데 바로 빈두로(賓頭盧)를 말한다.

또 서인도 출신 뿐나^{Purṇna} 부루나는 붓다의 허락을 받아 필사의 각오로 미개척 땅인 고향으로 내려가 포교에 한 몸을 바쳤다.*

> * 뿐나 : 설법제일로 불린 10대 제자 중 한 사람으로 출신지에 대해서는 서인도라는 설과 석가족의 나라 까빌라밧투 근교라는 설이 있음. 〈편집자 주〉

이 두 사람의 예를 보아도 탈속적인 수행에 힘쓴 상좌부와는 별도로 자신의 해탈을 희생해서라도 대중 속으로 뛰어들어 행을 보인 수행승들이 이미 붓다시대에도 있었음을 알 수 있다.

이 후자의 그룹이 사람들을 위해서 설한 법은 자연히 출가교단을 위한 율이나 경과는 다른 것이다. 붓다 자신이 재가신자를 위해서 설했다는 경전도 많은 수가 남아있지만, 그 대부분은 사회인으로서의 의무를 가르치고 그와 동시에 종교적 체험을 깊게 하도록 지도한 것이었다. 가정과 사회에서 바쁘게 생활하는 일반 신자들이 출가수행자와 같은 엄격한 규율로 생활하기는 힘들다. 그러므로 교화를 위해서 별도의 방법을 채택해야만 했다. 가장 쉽게 받아들일 수 있거나 실행하기 쉬운 방법이어야만 했다. 도덕적, 종교적인 선행 특히 붓다나 교단에의 예배나 봉사를 권했다.

붓다의 입멸 후 머지않아 성지순례의 풍습이 일어났다. 붓다의 탄생, 성도, 최초의 설법, 입멸 장소는 4대 성지로서 존숭되었고 기념비가 세워졌다. 또 붓다의 유골사리과 성물聖物을 예배하여 사발형의 수투파塔가 만들어졌다. 이들을 예배함에 따라 사람들의 신앙이 더욱 깊어졌다.

포교여행을 하는 출가교단이 차츰 정주하는 방향으로 나아가자 신자들의 손으로 승원을 짓게 되었다. 승원은 붓다의 재세 중에도 지어졌다. 대부분은 목조로 후세에는 남아있지 않지만 바위에 새겨진 기원전 1세기의 거대한 승원의 흔적이 현존하고 있다. 또 기원전 3세기부터 1세기 사이에 만들어진 거대한 석재 수투파도 남아있다.

이들 석재의 건조물은 기술적으로 보아 목조를 모방하고 있음이 분명하므로 이전에 유사한 목조가 수많이 있었음이 추정된다. 그리고 수투파의 울타리나 문의 조각에서 당시 불교의 가르침에 대한 많은 힌트를 얻을 수도 있다.

이들 건조물 - 이미 소실된 목조를 포함해서 - 이 만들어진 시대에는 이에 필적하는 포교활동이 행해졌음은 두말 할 나위도 없다. 포교의 내용이 원형 그대로 남겨진 문서는 없으나 현존 미술작품에서 추정하면 붓다의 생애에 관해서 주로 설해졌음이 분명하다. 이들 조각에서는 붓다의 모습을 직접 표현하지 않는 것이 규칙이어서, 붓다가 있어야 할 장소를 공백으로 남겨놓거나 법륜 또는 보리수 등을 이용하여 상징적으로 표시했다. 붓다의 생애에 중요한 사건은 이렇게 미술작품으로 볼 수 있다. 붓다는 일찍이 무수한 생애를 반복해서 살아 있는 것들의 구제에 헌신해 온 결과 최후의 생애에 붓다가 되었다고 믿게 되었다. 이렇게 전해지는 많은 전생이야기는 문헌으로 남아 있는데 그와 같은 종류의 이야기가 위에서 말한 미술작품의 제재가 되었다. 이들 이야기를 통해서 보면 최대의 특색은 자기 자신의 전부를 - 생명, 육체, 소유품, 처자, 지위뿐만 아니라 해탈조차도 - 희생해서 살아 있는 생명을 구했다는 점에 있다. 이 사고는 어떤 의미로는 출가수행자의 이상과는 반드시 일치하지는 않는다. 왜냐하면 출가수행자는 적어도 본질적으로 말하면, 현세적인 관심을 떠나서 감정에 동요되지 않고 매우 냉정하게 해탈을 실현할 것을 이상으로 하기 때문이다.

 이와 같이 본다면 붓다의 재세 중에 또는 입멸 전후부터 이미 재가신자에게도 입교하기 쉬운 불교가 실제로 성행했음을 알 수 있다. 그 가르침은 초세속적인 엄격한 수행생활보다도 오히려 많은 사람들에게 손쉬운 신앙생활을 권하는 것이었다. 출가수행자를 위한 가르침은 붓다를 모범으로 해서 각자 엄격한 수행의 도道를 실천하는 것이었는데, 재가신자들은 붓다의 위대한 인격과 업적을 우러러 보고 숭고한 종교감정을 발전시키도록 지도받았다.

빠알리문 성전이나 한역의 아함에서는 법이 언제나 전면前面에 나온다. 법을 설한 붓다의 인격은 오히려 배후에 있다. '붓다가 세상에 출현하든, 하지 않든 변함없다'는 영원한 진리가 설해졌다. 각자의 행위에 대한 책임은 각자에게만 있다는 부동의 법칙성이 엄연히 앞에 놓여 있다. 붓다는 선배로서 조언할 수는 있지만 은총을 내릴 수는 없다.

이에 반해서 수투파의 조각에서 추정되고 또 다른 문헌의 기록으로 볼 때, 재가신자를 위한 불교에서의 붓다는 예배·숭배의 대상이지만 각자 생활의 모범은 될 수 없다. 너무나도 숭고하여 보통 인간이 아무리 흉내를 내려 해도 미칠 수 없었다. 이러한 점에서 붓다는 더욱더 초자연적인 존재자가 되었던 것이다. 그리고 그와 동시에 비정적인 법法보다도 살아있는 신앙의 대상으로서 붓다에 관하여 많은 것이 설해지게 되었던 것이다.

이상 서술한 두 가지 경향은 나중에 상좌부와 대중부의 선구가 된다고 볼 수 있을 것이다. 상좌부적 경향에서는 수행에 전념할 출가자들이 일찍부터 성전의 조직에 착수했을 것이다. 그러나 교화범위가 넓은 대중부적 경향에서는 그렇게까지는 성전의 조직에 힘쏟지 않았을 것이며, 포교활동이 활발했던 만큼 설교의 내용은 풍부했을 것이다.

대중부적 경향

 대중부적 경향이라 해도 아마추어의 단순한 가르침만 있었던 것은 아니다. 붓다 시대에도 가령 사밧티의 대부호 수닷타$^{Sudatta}_{급고독장자}$는 많은 출가수행자 이상으로 앞선 지식을 쌓았고 수행도 갖추었다. 도시국가인 베살리에도 우수한 재가신자가 있었다. 이들 신자들과 친했던 수행자들 중에는 당연히 진보적인 사상을 발전시킨 자도 있었을 것이다. 출가교단의 내부에 틀어박혀 오로지 세속을 초월하는 것을 목표로 한 수행자들에게는 전통적인 사유만이 중심이 되었을 것이다. 그러나 살아있는 사회와 절연하지 않고 접촉했던 수행자들은 오히려 자유로운 사색을 발전시킬 기회가 많았다.

 대중부적 경향에서는 권위나 전통은 그다지 중요하지 않고 자유로운 활동이 활발했으므로 성전의 조직적 편집이 늦어졌던 것은 당연한 일이다. 현재 남아있는 이 경향의 성전 특히 붓다전에 관한 것으로 산스크리트문『라리타비수타라』Lalitavistara ·『마하바수트』Mahavastu 등, 한역『보요경』·『방광대장엄경』·『불본행집경』등, 티벳어역 등은 모두 현존하는 형태로는 후세의 편집이지만 자료로서는 매우 오래된 것도 있다.

또 붓다의 본질에 관한 사색도 대중부 경향으로 진전되었다. 역사상 붓다 석가모니가 실제로 어떤 존재였는가 하는 기술 이상으로, 어느덧 붓다란 무엇인가? 라는 문제에 관심이 모아졌기 때문이다. 그렇게 되자 단지 전기적인 사실 외에 붓다의 본질에 관한 고찰 — 그리스도교의 신학 테오로기아theologia에 대해서 '붓다학 붓도로기아buddhologia라고 할 수 있는 — 이 발전하게 되었다. 붓다는 인간이라기보다는 오히려 진리다르마dharma로서 — 요한에 의한 복음서에서 말하는 '말씀로고스logos'에 상당하는 — '법신'이라 불리게 된다. 단지 법신에 관한 학설이 실제로 체계화된 것은 서력 기원 무렵일 것이다.

이와 같이 대중부 계통으로 인정된 것 가운데 통속적 신앙에서 고차원의 철학적 사색에 이르기까지 복잡한 내용을 포함해서 이것을 간단히 요약하는 것은 불가능하다. 요컨대 초세속적, 수도원적, 인습적, 엘리트적인 출가교단보다도 폭넓은 종교활동이었다. 그런 만큼 진보도 분열도 격렬했으며 가지각색의 소분파가 발생했다. 기원 전후에 표면화된 대승불교도 이러한 광의의 대중부적 경향 가운데서 성장해 갔던 것이다.

이제 여기서 상좌부 계통과 대중부 계통의 2대 경향을 구별해서 고찰해왔는데 사실 이것도 한 구분에 지나지 않으며 실제로는 양극단에서 차별이 적은 중간적인 존재에 이르기까지 여러 가지 뉘앙스가 있었다. 앞에서 말했듯이 지역적, 그룹별로 많은 부파가 존재하고 여러 경향이 나타났던 것이다.

부파

어느 시기에는 20개의 부파가 있었다고 한다. 빠알리어, 한문, 티벳어 등 여러 문헌에서 이들 부파에 대한 발생의 역사를 서술하고 있다. 그런데 발생 순서나 계통이나 명칭은 책에 따라 상당한 차이가 있다. 이들 문헌에 공통하는 바에 의하면 붓다 입멸 후 어느 시기^{대개 백년 사이}를 거친 후, 대중부와 상좌부의 분열이 일어나고 그 후 내부 분열을 반복해서 다수의 부파가 생겼다고 한다.

이러한 문헌에 의거해서 근대 연구자들도 붓다가 남긴 가르침은 그 입멸 후 어느 시기까지^{백년 정도}는 통일된 형태로 전해졌다고 추정하는 자가 많았다. 원시불교나 근본불교라는 구분은 이 추정을 근거로 한다. 그들은 더욱더 이 추정을 확대해서 붓다의 입멸 후 백년 정도 지나서 어떤 특정한 사건을 계기로 이단의 문제가 발생하고 의견일치를 볼 수 없었으므로, 그 때 비로소 대중부와 상좌부 2대 세력으로 분열하고 다음에 또 각각 새로운 사건마다 소분열이 일어나서 마침내 20개 정도의 부파로 갈라지게 되었다고 한다.

이러한 식으로 많은 학자들은 생각해 왔다. 그리고 이들 부파가 소위 소승불교^{부파불교}이며, 그 후 한참 뒤에 아마 기원 후가 되어서 이와 달리 대승불교라는 새로운 운동이 일어났다고 한다.

그러나 이러한 관점에는 문제가 있다. 문제점을 요약하면 다음과 같으리라.

첫째, 붓다 입멸 후 백년 정도 사이에 통일견해가 불교 교단의 전체를 지배했다는 것은 의심스럽다. 붓다 재세 당시만 해도 교리의 통제를 강제한 적이 없으며 입멸 후 제1회 회의결과도 모든 불교자에 의해 무조건 승인된 것은 아니었다.

둘째, 부파의 구별이 붓다 입멸 후 백년 쯤 지나서 처음으로 나타난 것은 아니다. 붓다의 재세 당시부터 지역별 또는 중심 인물별로 사실상 지부가 존재했었다. 포교 지역이 확대함에 따라서 이런 경향도 한층 활발해졌다.

셋째, 대승을 소승보다 새로운 것으로 일괄해서 단정할 수 없다. 대승이 교단조직으로서 고정되고 그 성전을 편집한 것은 상당히 뒤의 일이지만 대승적 경향의 활동은 훨씬 이전부터 있었다. 그 구체적인 증거는 기원전 2~3세기까지 거슬러 올라가서 산치, 발하트와 그 밖에 남아있는 미술작품에서 추정된다. 또 설일체유부나 경량부 등의 소승부파의 교리는 매우 복잡한 것으로 이들이 대승의 홍기 이전에 이미 성립되었다고 추정할 수 있는 근거는 없다.

넷째, 앞에 소개했던 부파분열의 역사가 반드시 객관적인 기술이 아니라는 것도 주의해야 한다. 서적에 따라 기술이 다른 것을 봐도 이것은 분명한다. 이것들은 모두 각각의 부파가 사실상 성립된 다음 각자 자신의 부파에 권위를 부여하기 위해서 만들어진 계도이다. 자신의 부파가 붓다의 진설에 가장 가깝다는 것을 증명하려는 의도에 따라 쓰여진 것이다.

이와 같이 고찰해 보면 역시 불교성전에는 처음부터 몇 가지 경향이 병존하였음을 볼 수 있을 것이다. 이것을 그림으로 보면 다음과 같다.

경전의 병존·분화·합류

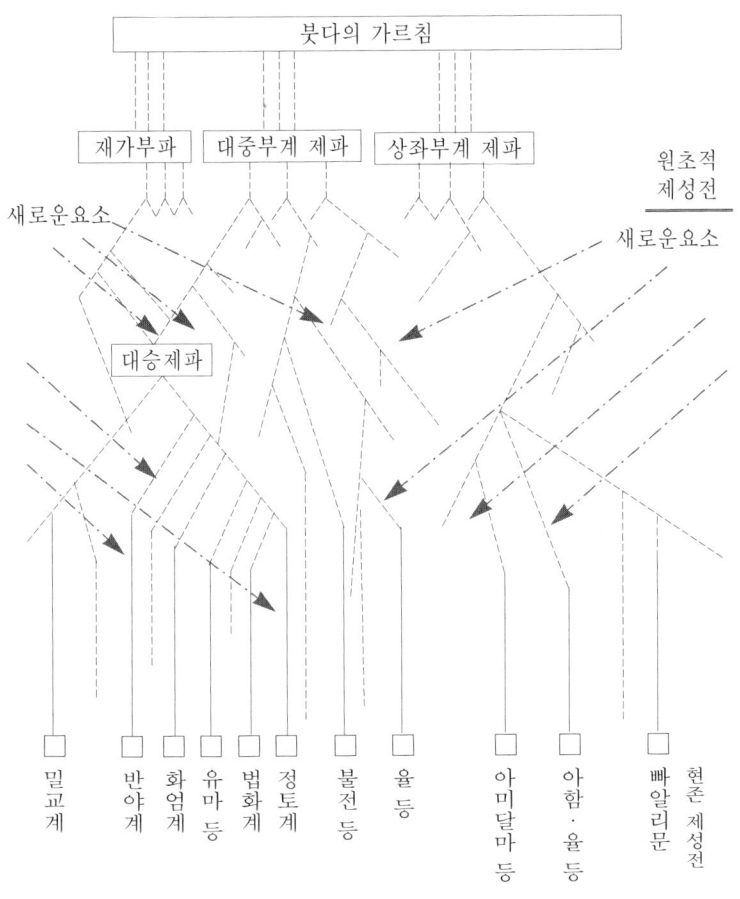

경의 성립 65

전승의 차이

 여러 부파는 각각 처음부터 붓다의 말씀을 보전, 유지해서 스승에서 제자로 전해지도록 했다. 인도인의 보편적 사고에서 이들 구전$^{문자없는 전승}$은 매우 정확했음에 틀림없다. 그러나 문자로 쓰여진 문헌과는 달라서 가필·정정의 흔적을 확인할 수 없으므로 신고^{新古}의 층을 구별하는 단서가 부족하다.

 입에서 입으로 전해지는 가운데 자연히 새롭게 보태거나 고치는 곳이 발생했을 것이다. 혹은 다른 전승과의 교류에 의해 다른 요소가 가미되었을 것이다. 설명의 문구가 본문에 뒤섞이는 경우도 있고 또는 그 반대로 본래 있어야 할 문구가 삭제되는 경우도 있을 것이다. 부파의 이합도 있고 그 때마다 성전도 조금씩 변화했을 것이다.

 이처럼 붓다 입멸 후 1세기 정도 사이에 지역이나 부파에 따라서 상당히 다른 성전이 성립했을 것으로 생각된다. 다만 어떤 부파에서는 엄중한 교정을 거쳐 본문을 결정하고 또 어떤 부파에서는 어느 정도까지 각자 자유재량을 허락했을 것이다. 혹은 분명한 붓다의 말씀이라고 판단했어도 다른 부파에서는 고의로 그것을 채용하지 않았을 경우도 있다.

 예컨대 붓다는 입멸 전에 아난다를 향해서 '계율의 세세한 조항은 모두 희망에 따라서 폐지해도 좋다'는 유훈을 남겼는데, 마하깟사빠는 이 유훈을 무시하고 모든 세칙을 그대로 존속하기로 결정했다. 즉 교단의 운영상 그러한 것이 필요하다고 인정했기 때문이다.

같은 상황을 교리에도 적용시킬 수 있다. 붓다가 어떤 사람에 대해서 어느 시기에 설한 말씀이 다른 파에도 항상 필요하고 유익한 것으로 볼 수 없기 때문이다.

이러한 사정에서 고찰하면 교단의 부파성전은 반드시 붓다의 모든 말씀을 빈틈없고 충실하게 기록할 의도는 아니었다. 오히려 해당 부파의 지도자들이 실제 수행에 필요하고 유익한 것을 골라내어서 집성한 것이 성전이다. 어떤 학자들이 생각했듯이 현존 제성전 가운데 공통된 부분을 추출해서 원초성전을 재구성할 수 있다는 가정은 방법론적으로도 잘못되었다고 말하지 않을 수 없다. 오히려 특정 성전의 독특한 요소 중에서도 오래 된 기원을 가진 것이 있을 수 있음을 인정해야만 한다. 물론 이러한 요소 중에는 후세의 삽입도 많을 것이다. 그러나 다른 성전과 공통된 것이 없다는 이유만으로 버린다면 불교 옛 모습의 중요한 면을 잃어버리게 된다. 또 반대로 모든 파에서 공통된 기술이 반드시 옛 요소를 전하고 있다고 단정할 수도 없다. 왜냐하면 제파의 교류접촉은 끊임없이 이루어지므로 후에 다른 파에서 도입한 경우도 고찰되기 때문이다. 요컨대 단순한 몇 가지 원리에 따라 성전 속의 신구新舊층을 구별할 수 없다는 것이다. 오히려 개개의 문제에 관해서 하나하나 고려해야만 한다.

2_현존 불교성전

한역대장경

현재 불교성전으로 우리들의 손에서 읽혀지는 것은 한역 대장경 외에도 티벳어역이 양으로서도 거의 그것과 필적한다. 이 두 원전에 상당하는 범본은 현재 대부분이 흩어져 있어 네팔, 캬슈미르, 아프가니스탄, 중앙아시아 등에서 그 일부분이 발견되고 있을 뿐이다. 또 고대 인도의 한 방언 계통에서 유래하는 빠알리어 성전은 스리랑카를 비롯해서 미얀마, 태국, 캄보디아 등으로 전해졌는데 이것은 특정한 한 부파의 소전이며 분량도 한역 성전의 십분의 일 정도이다.

현존 한역대장경은 양과 질의 측면에서 보아 가장 중요한 것이며 일본이나 중국의 불교연구에 있어서는 물론 인도불교의 연구를 위해서도 가장 귀중한 자료이므로 본서에서도 이것을 중심으로 해설하고 그 이외의 것에 관해서는 부수적으로 설명하겠다.

이 한역대장경이라는 방대한 번역문학의 집성은 처음부터 정돈된 형태로 존재한 문헌을 계획적으로 번역한 것이 아니다. 서역이나 인도에서 잇달아 가져온 개개의 서적을 하나씩 번역해 가는 동안 자연히 상당한 부수로 집적되었다. 그래서 이들을 보존하고 보급함에 있어서 필요에 의해 분류, 정돈하게 되었다. 중국불교의 기초를 만든 도안이 374년에 『종리중경목록綜理衆經目錄』을 만들고 번역자의 연대순으로 역경을 등록한 것이 목록의 최초로 일컬어진다. 이 목록은 현존하지 않지만 다른 서적에서 인용한 내용을 엿볼 수 있다. 또 이 무렵부터 번역된 성전을 일괄해서 서사하기 시작하여 처음에는 '중경衆經'이라고 했는데, 수나라 개황 원년(581)의 공문서에 '일체경을 사경한다'고 기록한 것으로 보아 나중에는 '대장경'이라는 이름이 일반적으로 쓰인 듯하다.

역경의 시작

불교성전의 한역은 1세기 무렵에 시작되었다. 실적으로 들 수 있는 것은 2~3세기 이후이며 이 때는 주로 서역 방면에서 온 승려가 주관했다. 서역 경유의 인도인도 있었으나 확실하지는 않다.

3세기 무렵 주사행朱士行은 중국인으로서 최초로 출가한 사람인데 『반야경』을 강의했다. 의미가 잘 통하지 않는 부분이 있었으므로 260년 범본을 구하러 서역으로 출발, 코탄于闐에서 원전을 입수하여 낙양으로 보냈다. 이것이 번역되어 『방광반야경』으로 남아

있다. 그런데 주사행 자신은 코탄에 머물다 81세에 입멸했다.

주사행은 서역에 성전을 구하러 간 구법승의 선구자였으며, 그 뒤 그를 이은 구법승이 계속 나타났다. 이들 중 특히 주목받는 자는 법현이다.

법현

법현은 승려생활를 규정하는 율의 본문이 불완전한 것을 통감하고 경, 율의 원전을 구하기 위하여 60세가 지나서 몇 명의 동지와 함께 399년 장안을 출발하여 서역으로 향했다. 고생을 무릅쓰고 서북인도에 도착한 것은 402년 무렵이었다. 여기서 갠지스강 유역 붓다의 옛터에 도달하며 405년부터 약 3년간 마가다국의 수도 파탈리푸트라에 체재하며 범어를 배우고 성전을 서사했다. 그러다 갠지스강을 내려가서 현재의 캘커타 부근에서 배로 실론섬에 도착, 여기서 또 2년 동안 (410~411) 체재하며 경과 율을 입수했다. 그곳에서 배로 야파제 자바 혹은 수마트라 로 건너가 본국행의 배를 탔으나 표류하여 산동성에 도착했고, 남경에 도착한 것은 413년이다. 14년에 걸친 고난의 여행으로 동행자는 도중에서 사망하거나 또는 현지에 잔류했으며 무사히 돌아온 자는 법현 혼자뿐이었다.

법현이 목숨을 걸고 위험한 여행을 감행한 것은 단지 성전, 특히 율을 입수하기 위한 것이었는데 사본의 입수가 매우 곤란했으므로 각지에서 그것을 필사했던 것이다. 그는 율 외에 아함, 논 등 여러 가지 책을 본국으로 가지고 와서 어느 부분은 자력으로 또 어느 부분은 동학의 힘을 빌려서 번역했다. 법현을 전후한 시기에 번역된 아함과 율의 제본은 현재에도 여전히 중요한 연구자료인데 그 중심은 법현이라고 할 수 있다. 이 무렵 이들 그룹에 의해 소위 원시불교와 소승불교의 중요한 자료가 한역되었던 것이다.

법현의 이 여행견문기는 고승법현전『불국기』·『역유천축기전』으로 전해지는 귀중한 기록으로 진중珍重되어 유럽에서도 번역, 연구되고 있다.

라집

법현이 불전을 구하러 서역으로 떠난 수년 뒤인 401년에 장안에 도착한 서역의 학승이 있었다. 그의 이름은 쿠마라지바라고 한다.

쿠마라지바(350~409)는 한자로 구마라집鳩摩羅什이라고 음사하는데 라집이라는 약칭으로 알려져 있다. 선조는 대대로 인도의 어느 지방 재상이었는데 부친은 출가해서 신강의 쿠차구자 국에 체재 중, 국왕의 여동생과 결혼하여 쿠마라지바가 태어났다. 모친도 출가해서 비구니가 되었으며 그도 7세 때 출가했다. 8세 때 모친과 함께 인도의 카슈미르로 가서 그곳에서 아함을 비롯한 소승불교를 배웠다. 돌아오면서 카슈가르^{사륵}에서 비로소 대승불교를 배워 그 훌륭함을 확신했다. 그 중 쿠차에서 대승의 경, 논과 소승의 율을 연구했다.

당시 중국 북부는 반미개한 비^非한족에 의해 지배당하고 있었다. 그 중 한 군주가 382년 군대를 보내어 쿠차를 공격했다. 쿠차는 항복하고 31세의 쿠마라지바는 체포되었다. 정복자들은 그를 쿠차의 왕녀와 결혼시켜서 중국으로 보냈다. 그러나 권력자의 잦은 교체로 쿠마라지바는 여기저기를 전전하다가 401년이 되어서야 가까스로 장안에 안주할 수 있게 되었다. 그리고 409년 입멸하기까지 9년간 엄청난 역경사업을 수행했다.

쿠마라지바는 소년시절부터 불교성전을 배우고 암기했는데 체포된 시절부터 중국어를 완전히 습득하였다. 또한 당시 문명의 중심지였던 장안에서 많은 우수한 조수를 동원하여 강의를 하고 토론하면서 번역을 진행하게 되었다. 좋은 번역문을 제공하도록 모든 조건이 갖추어졌던 것이다. 그의 역문이 널리 읽혀지고 현재에도 활용되는 것은 매우 자연스럽다. 당대 새로운 번역이 이루어졌어도 쿠마라지바 역문의 광채는 사라지지 않았다.

쿠마라지바가 역경한 『반야』, 『법화』, 『유마』, 『미륵』, 『아미타』 등의 대승경전과 『중론』, 『백론』, 『십이문론』, 『대지도론』 등의 인도 나가르쥬나^{龍樹}를 개조로 하는 중관파의 논서, 『성실론』이라는 소승의 논서 등은 모두 후세의 불교형성에 중요한 역할을 해냈다. 그의 넓은 불교 지식은 당시 카슈미르와 중앙아시아의 상태를 전하는 것으로도 중요하다.

화엄경 등

법현과 쿠마라지바 외에도 420년에는 북인도 출신 붓다바드라^{Buddhabbadra}에 의한 『화엄경』 60권, 421년에는 중인도 출신 다르마쿠세마^{Dharmakṣema}에 의한 대승 『열반경』 40권이 각각 역출되었음을 서술해야만 한다. 이 2대 경전은 각각 화엄종과 열반종의 원천이 되고 나중에 당대 신역도 이루어졌는데 옛 번역의 공적을 망각해서는 안 된다. 또한 다르마쿠세마가 번역한 『금광명경』 4권도 널리 유행했다. 다르마쿠세마 역의 『승만경』은 현존하지 않는데 거의 동시대의 구나바드라의 번역은 현재까지 읽혀지고 있다.

그 밖에도 많은 내외 역자들의 노력에 의해 6세기 수대까지 대승, 소승의 중요한 성전은 대체로 한역을 갖추게 되었다. 이들을 하나하나 모두 서술할 여유는 없으나 불우한 생애를 마감한 위대한 역경승 파라마르타^{Paramartha}를 무시할 수 없다.

진제

　서인도 출신인 파라마르타(500~569)는 일명 쿠라나타^{Kulanātha}라고도 하는데 중국명은 진제라고 한다. 당시 중국 남부를 지배하였던 양무제가 불교의 선양에 힘써 인물과 성전을 구하고 있다는 것을 듣고 파라마르타는 2백4십 꾸러미의 성전을 들고 중국으로 건너가 548년 남경에 도착했다. 무제는 기꺼이 이를 환영하고 존중했으나 그 해에 반란이 일어나서 이듬해에 무제가 죽었으므로 이로부터 약 20년에 걸쳐 파라마르타의 방랑생활이 시작되었다. 학덕을 추모해 모인 제자들도 적지는 않았고 권력자에게도 초대되었으나 계속되는 내란에 가로막혀서 안주할 땅을 찾지 못하고 말았다. 그러나 열악한 환경 속에서도 여전히 경이나 논을 역출했고 제자들을 위해서 강론하며 주해서를 저술했다. 한번은 인도로 돌아가려고 했으나 폭풍을 만나서 이루지 못했으며 어느 때는 절망한 나머지 자살을 시도하기도 했었다. 568년에는 제자들이 파라마르타를 남경으로 들어가게 하려고 했으나, 남경에서 세력을 떨치던 천태종의 지의가 "그 무리는 교의가 국가에 해(害)가 있다."는 이유로 이 인도 학승의 입경(入京)을 저지했다. 파라마르타는 이듬해 정월 불우하게도 71세에 입멸했다.
　이처럼 생애가 불행의 연속이었으며 멸후에도 그 유파가 그다지 유행하지 않았으므로 귀중한 저작의 대부분이 유실되고 역업

譯業도 만족하게 보존되지 못했다. 그러나 파라마르타가 역출한 것 중에 특히 『유식』과 『구사』에 관한 논서는 후세에 커다란 영향을 남겼다. 뒤에 서술하는 현장이 처음 불교철학을 배운 것도 주로 이 번역에 의한 것이었다. 현장이 이들 책을 새롭게 번역한 다음, 파라마르타의 것은 '구역'으로 뒤돌아보지 않게 되었는데 현재 원전비판의 입장에서 보면 현장의 신역보다도 파라마르타의 '구역' 쪽이 오히려 인도 원전에 충실한 경우가 많고 실제로 재평가가 행해지고 있다.

불완전한 상태로 보존되고 있는 역문을 보아도 파라마르타의 학식과 재능 정도를 엿볼 수 있는데 실로 그가 가져온 범본의 수는 엄청난 것이었다. 2백40 꾸러미를 만일 전부 번역하였다면 중국의 종이로 2만권 이상이 되었을 것이다. 현재 출판된 『대정신수대장경』 중에서 32권이 번역인데 1권에는 평균 2백권을 수록하고 있으므로 파라마르타가 지참한 범본을 전부 한역했다고 하면 현존 대장경에 수록된 분량의 세 배가 되었을 것이다. 더구나 당대 으뜸가는 인도인 학승이 일부러 골라서 지참한 것이다. 파라마르타가 만일 순탄하게 번역에 전념할 수 있었다면 중국불교의 역사는 완전히 달라졌을 것이며 또 현재 우리가 지닌 불교사의 지식도 훌륭하고 풍부한 것이었을 것이다. 당시 권력자나 그 추종자들의 의지로 소중한 문화의 전승이 사라져간 한 예이다.

현장

파라마르타진제가 번역한 『유식』이나 『구사』의 논서를 읽고 배경을 이룬 뒤 불교성전을 새롭게 번역하고 연구한 자가 현장(600~664)이다. 그는 낙양에서 태어나 그곳에서 출가했다. 인도여행을 원했으나 정부로부터 허락받지 못하고 결국 29세 때(629) 단신으로 서쪽을 향했다. 당시 도시국가가 산재한 신강新疆을 넘어 아프가니스탄의 바미얀에서 간다라를 거쳐 붓다의 연고지에 도착하기까지 4년이나 걸렸다. 중인도 마가다국 날란다에 있는 불교대학에서 『유식』과 『구사』를 중심으로 4년간 배웠다. 그는 인도 남부까지 각지를 여행하며 643년에 귀국을 시도했는데 고난 끝에 645년 정월, 무사히 장안으로 돌아왔다. 장안을 나올 때는 밀출국과 같은 입장이었는데 귀환할 때에는 수십만 명의 환영인파가 나와 있었다. 가지고 온 범본은 5백20 꾸러미, 6백57부라고 한다. 그후 황제의 비호를 받아 입멸할 때까지 19년 동안 번역에 전념할 수 있었다. 양을 보아도 가장 많은 것은 『대반야경』 6백권으로 『대정신수대장경』의 3권분을 차지한다. 이것은 입멸 전년에 완성했다. 더구나 『대보적경』의 번역에 착수하려 했으나 죽는 날을 예감하고는 단념해야만 했다. 여행의 본래 목적이었던 유식관계로는 『유가사지론』 백권과 『성유식론』 등을 또 소승의 논부로 『대비바사론』 2백권을 비롯하여 『구사론』을 포함해서 전부 75부 2천 3백 35권의 번역을 완성했다. 모두 현재에도 불교 철학연구의 기본적 자료로 진중되는데 이들 원전이 유실되었으므로 근년에는 프랑스어로 번역되기도 했다.

또 현장은 여행기로 『대당서역기』 12권을 저술했다. 이것은 당시 인도나 중앙아시아를 알려주는 사료로서 주목받아 유럽어로도 번역되어 연구되고 있다.

여행자로서 또 번역자로서 현장의 훌륭한 재능, 주도면밀한 계획, 끊임없는 노력 그리고 놀랄만한 극기심은 찬탄받기에 충분하다. 그의 출현에 의해 중국 불교는 일대 비약을 이루게 되었다.

푸니요다야

현장의 공적은 불멸이며 무비無比인데 그런 반면 천재 노력가로서의 자부와 단독의 경향이 있다. 현장이 전한 것이 당시 인도 불교의 전부라고 보는 것은 올바르지 않다.

『속고승전』의 저자 도선은 인도 원전에도 통해서 현장의 번역 사업에도 참가하고 또 율의 권위자로서도 유명한데, 그는 권4에서 현장의 사적을 서술한 다음 인도인 승려 푸니요다야 Puṇyodaya 나 제삼장에 관해서 기록하고 있다.

이것에 의하면 푸니요다야는 인도 중부 출신으로 젊어서 출가하여 제방을 여행하고 실론섬에도 건너가서 여러 국어에 정통했으며 포교에 전념했다. 가끔 중국에서 불교가 유행한다는 말을 듣고 대승과 소승의 경, 율, 논을 합쳐서 5백 꾸러미 이상, 천오백 부 이상을 갖고 655년에 장안에 도착했다. 자은사에 주거를 정하였는데 당시는 현장의 번역사업이 순조롭게 진척되어 명성이 절정에 달했을 때여서 머나먼 인도에서 온 학승은 뒤돌아 볼 수도 없었다. 오히려 이듬해에는 황제의 명령에 의해 진기한 약초를 채집할 목적으로 남해로 보내졌다. 남해 방면인도지나 지역의 왕들은 푸니요다야를 위해서 사원을 지어 교화하도록 했으나 그로서는 당나라 황제의 명령을 거역할 수도 없고 또한 장안의 자은사에 남겨 둔 범본을 한역하지 않으면 안 된다는 생각으로 663년에 장안으로 돌아왔다. 그러나 그보다 앞서(659) 현장이 『대반야경』의 번역을 위해서 장안을 떠나 이궁離宮이 있던 옥화사로 이전할 때 푸니요다야의 범본도 가져가고 말았다. 푸니요다야는 번역하고 싶어도 범본이 없으므로 불과 『팔만다라경』, 정확히 말하면 『사자장엄왕보살청문경』과 『이구혜보살소문예불법경』, 『아타나지경』의 3부를 번역하는 데 그쳤다. 이 중 앞의 둘은 대정장 제14권에 수록되어 있으며 세 번째 것은 일찍이 산일散逸되었다. 모두 소부小部이면서 현장의 역경에는 포함되지 않은 귀중한 자료이다. 푸니요다야는 두 번째 장안으로 온 그 해에 또 약초를 채집한다는 이유로 황제의 허락을 얻어 남방으로 떠난 후 돌아오지 않았다. 그는 대승의 중관파 교의에 정통한 데다가 소승 제파의 율에도 밝으며 바라문교의 성전『베다』에도 정통하고『대승집의론』이라는 저술도 있다. 이 저서가 만일 한역되었다면 40권 이상이 됐을 것이다.

푸니요다야가 인도에서 가져온 범본은 꾸러미 수로 현장의 그것과 거의 같으며 부수로 하면 2부 이상에 해당한다. 더구나 현장이 실제로 번역한 것은 본인이 가지고 온 것의 일할에 지나지 않는다. 나머지는 이용되지 않고 영원히 소실되고 말았던 것이다.

일찍이 현장의 역경사업에도 참가하고 그 전기를 상술해서 절찬을 아끼지 않았던 도선이 또한 푸니요다야에 관해서는 특히 그의 전기를 써서 역경의 서序를 쓰고 개탄하였다.

그의 불우한 사건은 여기에 그치지 않고 현재에도 그 어떤 권위 있는 불교사전에조차 푸니요다야의 이름마저 정확하게 기록한 것을 나는 모른다. 이러한 사정으로, 요절한 중국인 학자 임려광林藜光이 1935년 프랑스의『아시아학잡지Journal Asiatique』에 18쪽의 논문을 발표해서 푸니요다야의 인물과 역업譯業을 소개한 것은 약간의 위로가 될 것이다. 푸니요다야의 좌절은 중국불교를 위해서, 특히 현장에게 결여된 중관, 밀교, 율의 분야에서 되돌릴 수 없는 일대 손실이었다. 학문의 세계에서도 성공의 영광 뒤에는 실의의 희생이 있다는 것을 피할 수 없으리라.

의정

　법현과 현장에 이어 인도여행에 뜻을 둔 자 가운데 의정(635~713)이 중요하다. 그는 두 사람의 선배와는 달리 광동에서 해로로 671년에 출발하여 수마트라를 경유해서 673년 현재의 캘커타 부근에 도착했다. 인도에서는 주로 날란다에 머물며 그곳 불교대학에서 10년 동안 학습했다. 귀로도 마찬가지로 배를 타고 현재의 수마트라로 돌아와 수 년간 체재하면서 두 종류의 견문록을 저술한 뒤 692년 수도로 돌아왔고 695년에 귀환했다. 그가 가져온 범본은 약 4백부로 그 후 18년 동안 56부 2백30권을 번역했다. 그 중에는 『금광명경』 등 대승경전도 있는데 의정이 가장 힘을 쏟은 것은 법현과 마찬가지로 율이었다. 특히 소승의 유부 한 부파의 율을 완전한 형태로 번역하려고 시도했는데 결국 미완성에 그쳤다.
　의정의 번역 사업은 현장의 약 육분의 일로 역문이 조금 뒤떨어지는 면을 부정할 수 없으나 매우 성실하였다. 그의 견문록 중 『남해기귀내법전』 4권은 인도나 남해의 불교 승려에 대한 사실을 극명하게 말해 주고 있다. 다른 하나는 『대당서역구법고승전』 2권으로 인도나 남해를 향해서 법을 구하러 간 중국과 그 주변의 승려들 60여 명의 약전을 서술하고 있다. 고생을 무릅쓰고 외국에 가서 면학과 사경에 헌신했으며 더욱이 대부분은 고국으로 돌아가지 못했다. 의정의 기록이 없었다면 이름조차 남겨지지 않았을 수많은 사람들이다. 이러한 많은 소중한 희생이 있었기에 비로소 인도 불교를 중국으로 이입할 수 있었던 것이다.

무행

의정이 기록한 구법승 중에 무행無行이란 자가 있다. 무행은 수마트라, 세일론을 거쳐 인도를 향했고 날란다에서 연구하였다. 의정은 거기서 그를 만나 함께 불적佛蹟에 참배했다. 무행은 그 때 대승의 유가사파와 중관파를 배우고 다르마키르티Dharmakirti법칭의 인명논리학과 소승의 아함이나 율도 번역했다. 또한 밀교의 근본 성전인『대일경』을 서사하였는데, 이 사본이 나중에 장안으로 보내어져서 724~725년에 선무외善無畏가 번역할 때 저본이 되었다고 한다. 다르마키르티의 인명은 한 번도 중국에 전해지지 못하다가 결국 20세기가 되고나서 유럽인 학자에 의해 연구되어 근년에 이르러 가까스로 연구가 시작되었던 것이다.

무행의 일례를 보아도 알 수 있듯이 당시 인도불교는 현장이나 의정의 역경보다도 훨씬 시야가 넓은 것이었으며, 해외에서 중국인 승려의 연구열도 활발했었다. 대장경에 수록되어 후세에 전해진 것은 일부분에 지나지 않았던 것이다.

신역화엄경

의정은 또 『화엄경』 80권의 번역(699)에도 참가했으나 그 역자는 코탄우전에서 온 식크샤난다Siksananda였으며 남인도에서 온 보디루치Bodhiruci도 협력했다. 이 경전은 전술했듯이 붓다바드라가 420년에 60권본으로 번역한 것의 확대판이다. 이 신역의 완성은 법장에 의해 화엄종으로 대성하게 된 기연을 부여했다.

밀교 경전

불교 중에서도 신비한 직관과 상직적 의례를 중요시하는 경향을 밀교라 하는데 예배 대상이나 주문의 복잡한 체계를 가진다. 이 경향은 이미 3세기 무렵부터 중국에 알려져 6세기에는 진언주문과 양손가락으로 여러 가지 상징적인 형태를 표현하는 인계가 알려졌다. 갖가지 존상尊像을 예배하고 여러 가지 의례에 의해 공양하는 것이 활성화 되었다. 현장이 번역한 경전 중에도 밀교적 요소가 포함되어 있고 - 유명한 일례로『반야심경』의 진언, '아제 아제 바라아제 바라승아제 모제 사바하' - 의정도 15부 정도의 밀교 경전을 번역했으나 두 사람 모두 밀교에 깊이 관여하지는 않았다. 그러나 그 때 이미 인도는 물론 남해 방면에서도 밀교는 유행했던 것이다.

슈바카라싱하Subhakarasimha, 중국명 선무외(637~735)는 인도에서 중앙아시아를 경유하여 716년에 장안에 도착했다. 그는 오로지 밀교 경전을 번역했는데 그 중에서도 중요한 것은 『대일경』, 자세히 말하자면 『대비로자나성불신변가지경』 7권으로 앞에 서술한 무행의 사본을 저본으로 한 것으로 알려졌다.

  이어서 남방 해로에서는 바지라보디Vajrabodhi(671~741)가 719년 중국에 도착했다. 그는 중국명을 금강지金剛智라고 하며 거의 20년간에 걸쳐 밀교성전을 번역했다.

  또한 그의 제자인 아모가바지라Amoghavajra(705-774), 중국명 불공금강不空金剛은 인도와 중국의 두 언어를 모국어로 자유로이 구사하며 중요한 밀교성전의 대부분을 혼자 한역하였다. 어떤 기록에 의하면 불공금강의 역경은 77부, 120권이라고 하는데 현존하는 것은 2부 정도이다. 모두 밀교성전을 전문으로 번역했다는 점에서 다른 것과 비교할 수 없다. 그는 774년, 70세에 입멸했다.

중국 역경에 대한 의문

  중국에서 역경의 역사를 보고 우리가 의문을 가지는 것이 두 가지 있다. 첫째는 그렇게 힘들게 수입한 인도의 원전이 흔적 없이 소실되어 중국 본토에서는 하나도 발견되지 않는다는 것이다. 두 번째는 범어 교육을 시키지 않고 번역의 후계자를 만들지 않았다는 것이다. 이 중 첫째 의문에 대해서는 전란을 그 이유의 하나로 들 수 있는데, 일단 번역한 다음에는 원전의 보존에 그다지 관심이 없었다고 할 수 있겠다.

두 번째 의문에 관해서는 역시 중화사상에서 보면 외국어 학습에 흥미가 없었다는 점을 들 수 있다. 이 점은 고대 그리스인과 공통된다고나 할까? 다만 범어를 학습시켰던 기관이 한 번 만들어 졌었는데 이는 예외의 일이다.

역경원

송宋의 시대가 되자 982년 태종 때, 개봉의 태평 흥국사에서 세 명의 인도 승려인 천식재天息災, 시호施護, 법천法天을 맞이하여 역경원을 세워서 번역에 종사하도록 했다. 세 명의 인도명은 기록되어 있지 않다. 여기에는 인쇄소까지 부속되었고, 번역자나 조수들은 국가에서 임명했다. 그 때 천식재 등이 장래 인도인이 오지 않을 경우를 예상해서 중국인 소년 50명을 선발하여 범어를 학습시키도록 주상奏上했다. 그리하여 유정惟淨 등 15명이 선발되었다. 이 경우도 인도 측에서의 발언이라는 점이 주목된다.

이 때 인도 승려가 잇달아 범본을 가지고 도착하여 역경의 사업도 순조롭게 진척되었다. 999년에는 어느덧 역경원 폐지의 제의가 나왔으나 황제는 존속의 방침을 고수했고, 1036년에도 50

명의 소년을 선발하여 범어를 학습시켰다. 그러나 그 후에는 차츰 쇠퇴하고 1119년, 태평 흥국사도 폐지되고 말았다. 모처럼 개시된 역경과 후계자 양성은 중지되었고 수집한 범본도 흔적 없이 유실되고 말았다.

역경원에서 번역한 경전은 564권에 달하며 밀교 관계가 많은데 논에 속하는 것으로는 법호 등이 번역한 부파불교의『시설론施設論』, 유정 등이 번역한 중관파의『대승중관석론』, 대승불교개론이라고 할 수 있는 법호 등이 번역한『대승집보살학론』등이 불교사에서 중요한 문헌이다. 이들 논서는 힘들여 번역되었으나 종파적 배경이 없기 때문에 종래 별로 연구되지 않았으나 오늘날 연구로는 귀중한 것이다. 다만 원전비판의 입장에서 본다면 우수한 역경이라고는 할 수 없고 원문과 대조해 보면 오역이나 생략도 많다.

원대元代에 들어서면서부터 역경은 그다지 행해지지 않았다. 쿠빌라이의 국사國師인 파스파(1239~1280)의 저서『창소지론彰所知論』2권을 그의 제자인 샤로파가 1314년 이전에 번역했는데, 그 밖에는 세 명의 역자가 각각 작은 경전을 한 점씩 번역했으나 연대가 확실하지는 않다.

한역사업은 실질적으로 송宋의 역경원이 없어진 이후 종결되었다고 보아야 될 것이다.

대장경의 간행

　이처럼 출소를 달리 한 많은 서적이 천년 이상이나 걸려 여러 역자들에 의해 번역된 집성을 '일체경' 또는 '대장경'이라고 한다. 이미 3세기 무렵에 상당한 분량이 번역된 이래 개별적으로 필사되었을 뿐만 아니라 정리된 문헌집으로 일괄해서 취급, 보존되었다. 4세기 말에는 '목록'을 만들어 분류하게 되었다. 현존하는 것 중에 가장 오래된 목록은 500년 무렵에 만들어진 『출삼장기집』 15권이며 이후 13세기 말, 원나라 대에 만들어진 『지원록』에 이르기까지 현존하는 것 외의 것은 역자의 연대나 전기 등에서 알 수 있다.

　한역 외에 중국에서 만들어진 저작이나 편집도 '대장경'의 일부분으로 간주되었다. 새롭게 번역되었거나 또는 저술·편집된 작품을 대장경에 편입하는 것을 '입장入藏'이라고 했다. 남북조 말, 6세기 무렵부터 국가에서 불교를 보호·감독했으므로 입장도 표면상으로는 관리의 일이 되었다.

　6세기 무렵부터 일체경을 서사하는 풍습이 일어났다. 서사는 수, 당, 송에 이르며 점점 더 번성했는데 일본에서도 673년에 일체경을 서사했다는 기록이 있다.

　중국에서는 인쇄술이 수대隋代부터 일어났으나 당唐의 함통 9년(868)이라고 명기한 『금강경』의 간본刊本이 돈황의 천불동에서 발견되어서 현재 런던 대영박물관에 소장되어 있다. 대장경의 최초 간행은 송대宋代에 이루어졌다. 즉, 971년또는 (972)부터 983년에 걸쳐 사천성의 성도에서 13만 장의 판목版木이 완성되었다. 이것을 '북송판'이라고 하며 또는 성도의 고명古名을 따라 촉판蜀版이라고도 한다. 이 대장경 한 세트를 송宋으로 유학한 쵸넨奝然이 986년에 일본으로 가져왔다. 그 총수는 5천48권이라고 하는데 촉판은 거의 현존하지 않고 지금은 불과 2권만이 일본에 남아있다.

이 후 대장경은 중국, 한국과 일본에서 약 20회 정도 간행되었다.* 그중에서 가장 새롭게 완비된 것은 『대정신수대장경』이다.

『대정신수대장경』은 1924년부터 1934년 사이에 양장 46배판 전85권으로 동경에서 간행되었다. 이 중에는 중국, 한국, 일본의 저술도 포함되어 있는데 그 가운데 인도 또는 그 주변의 언어로부터 번역한 것은 처음의 32권에 수록하고 있다. 한줄에 약 16자로, 29줄씩 3단을 한 페이지에 수록하였으며, 각권 평균 1천 페이지이므로 대략 보면 32권에 4천만 자字정도이며 서적의 제목 수는 1,692개이다. 이 중에는 같은 서적을 중복해서 번역한 것도 적지 않기 때문에 실제 서적의 목록수는 이보다도 훨씬 적을 것이다. 번역문헌의 집성으로 이만한 양은 그 예가 없을 것이다.

『대정신수대장경』도 이전의 제판諸版 예를 본받아 번역부를 경, 율, 논의 세 부분으로 나누었다. 그러나 종래의 판에서는 각각의 부문을 각각 대승과 소승으로 구분했으나 신수판은 이런 구별을 버리고 보다 합리적인 구분을 채택했던 것이다.

* 고려대장경 : 우리나라에서의 제1차 대장경 간행은 고려 현종 2년(1011) 거란의 침입을 계기로 시작하여 77년에 걸쳐 이루어졌다. 송나라본과 거란본, 국내본을 저본으로 하여 6천여 권으로 조성하였으나 몽고의 침입으로 대부분 소실되었다. 제2차 대장경(팔만대장경) 간행은 몽고 침입을 맞아 이를 불력으로 물리치고자 했던 고종이 대장도감을 설치하면서 시작되었다. 1236년부터 1251년까지 16년에 걸쳐 조성된 이 대장경은 1511부, 6802권으로 경판 수로 81,258판이라 한다. 1차 대장경을 모본으로 하였고 송나라본과 거란본과도 대교(對校)하여 어느 대장경보다도 본문이 충실하며 오,탈자가 거의 없는 것으로 알려져 있다. 〈편집자주〉

한역 대장경의 특색

한역 대장경의 특색을 보기로 하자.

첫째, 그 양이 많다는 것이다. 인도원전의 대부분이 유실된 현재로서는 인도불교의 역사를 알기 위해서 한역은 비교할 수 없는 최고의 자료이다.

둘째, 단지 양이라는 점만을 본다면 다음에서 서술하는 티벳어역 대장경도 한역에 거의 필적하지만 티벳어의 번역이 시작된 것은 8세기 이후인데 반해, 중국에서는 이미 5세기 초엽에 지금도 널리 읽혀지는 대부분의 성전이 번역되었고 6~7세기에 걸쳐서 주요한 것은 대부분 번역되었다. 즉 인도불교의 최전성기 원전들이 한역에 가장 잘 반영되어 있다는 것이다.

셋째, 같은 성전이 몇 번이나 번역되었다. 인도에서는 같은 서적이라도 시대가 흐름에 따라 개정·증보되고 오래된 것은 유실되는 경우가 있지만 한역에서는 신구新舊의 형태가 보존되어 있으므로 변화·발전의 흔적을 더듬어 볼 수 있다.

넷째, 한역은 연대가 대체로 정확하게 기록되었으므로 이것에 의지해서 인도문헌사를 재구성할 수 있다.

이밖에도 한역 대장경이 직·간접으로 일본문학에 영향을 끼쳤고 현재의 정신생활에도 무연無緣하지 않다는 사실에 주목하고 싶다.

그러나 한역에 자료로서의 결점이 없는 것은 아니다. 왜냐하면 중국문학과 인도문학은 모두 오랜 역사를 지녔고 독자적인 발달을 이루었기 때문에 인도원전을 중국어로 번역할 때에 반드시 원문에 충실하지 않았던 것이다.

1천5백년 이상이나 널리 읽혀진 쿠마라지바의 역문(譯文)이 그러하다. 예컨대『법화경』제8장 다음 문장의 산스크리트어의 원전과 번역문들을 보자.

"신들은 사람들을 보고, 사람들도 또한 신들을 볼 것이다."
- 산스크리트어 원전

"천상은 세간을 보고, 세간은 천상을 본다(天上視世間 世間得見天上)."
- 한역『정법화경』

"사람과 하늘과 ……둘 다 서로 본다(人天……兩得相見)."
- 쿠마라지바의『묘법연화경』

또한 같은 경전의「제바달다품」에서는 용왕의 딸이 갑자기 남자의 모습으로 변해서 붓다가 되는 광경을 다음과 같이 묘사하고 있다.

"그 여근(女根)이 소실되어 남근(男根)이 출현하고…"
- 산스크리트어 원문

"변하여 남자가 되었다(變成男子)."

- 한역『정법화경』· 쿠마라지바『묘법연화경』

이처럼 완곡하게 번역했다. 쿠마라지바의 한역은 자상한 배려 때문에 한역으로서 읽기는 좋겠지만 경우에 따라서는 원전에서 멀어진다는 문제점이 생길 수도 있다.

현장 이후의 역문은 비교적 원문에 충실했으나 그래도 한문의 약속이나 습관을 존중하며 역문을 읽기 쉽게 하려고 본문을 새롭게 편집한 흔적조차 있다. 현대에도 영어로 번역하는 경우, 원문의 충실성을 희생하더라도 영어의 표현양식을 중요시하므로 구문이 가까운 프랑스어나 독일어 등으로 번역한 경우조차도 영문에서 원문을 추정하는 것은 매우 곤란하다. 한역 불교성전의 경우에도 이와 같은 곤란한 일이 발생했다. 이것을 결점이라고 부르기에는 적절하지 못하지만 원전비판의 입장에서 말한다면 번거로운 것은 사실이다. 따라서 축어적逐語的으로 범한梵漢 대조를 완벽하게 이룬다는 것은 곤란하다.

티벳어 성전

한역과는 반대로 티벳어역은 거의 기계적이라고 할 정도로 인도원전을 그대로 치환했으므로, 언어의 구조가 완전히 다름에도 불구하고 티벳어역에서 산스크리트어로 환원해서 번역하는 것은 그렇게 곤란하지 않다. 이러한 일은 한역에서는 거의 불가능하다.

티벳의 고대사는 분명하지는 않지만 7세기 전반에 손첸캄포$^{Sron\ btsan\ sgampo}$라는 왕이 인도 불교성전을 번역하기 위해서 톰미삼보따$^{Thon\ mi\ sam\ bho\ ta}$ 등 16명을 인도에 파견하였는데 그들이 귀국해서 인도의 문자를 모방해서 티벳문자를 만들고 티벳어의 문법을 제정하여 역경이 개시되었다고 한다. 즉, 티벳에서는 불교의 역경 이전에는 문자가 없었으며 어휘도 빈약하였는데 역경에 의해 비로소 문자로 된 문학이 발생한 것이다. 한역의 경우와는 달리 인도 불교성전에 맞추어 티벳어의 문체가 개발된 것이다.

이러한 사정으로 티벳어는 문법도, 구문도 인도의 언어와는 전혀 다르지만 티벳어역의 불교성전은 원전에 충실한 모사模寫가 되었다. 게다가 역경사업이 국가에 의해 행해져, 인도인 학자와 티벳인 번역관이 공동작업을 했으며, 나아가서 원전과 교합하는 전문가까지 있었다. 이렇게 주도면밀하게 번역된 데다가 필요에 따라 보충교정이 이루어졌다. 티벳과 인도 사이에는 끊임없는 교류가 있었는데 특히 8세기 이후는 티벳으로 이주한 인도인 승려가 줄을 잇는 등 원격지인 중국과는 여러 가지 점에서 사정이 달랐던 것이다. 7~9세기에 걸친 인도불교의 중요한 성전은 한역보다도 티벳어 번역 쪽이 훨씬 풍부하다. 그러나 5세기 또는 그 이전의 문헌에서는 한역은 있지만 티벳어역에는 없는 것도 있고 또 동일한 경전이라도 한역 쪽이 티벳어역보다도 오래된 형태를 보존하고 있는 경우가 많다.

또 매우 소수이지만 한역에서 티벳어로 번역한 것도 포함되어 있다. 인도 원전의 한역에서 중역重譯:예를 들면 대승경전『열반경』등된 것 외에 현장의 제자로 신라 출신인 원측*의 저서『해심밀경소』가 들어 있는 것도 재미있다. 이것은 동문 사이에서는 이단자로 취급된 사람의 진기한 작품이다.

* 원측 : 15세에 당나라로 건너가 법상과 승변에게서 유식학을 배웠으며 산스크리트어, 티벳어 등 6개 국어에 능통했다. 당대를 풍미하던 현장과 규기의 유식사상과 견해를 달리하는 독특한 유식을 정립함으로써 그들의 시기와 질투를 받았다. '송고승전' '규기조'에는, 원측이 현장의 강의를 듣고자 했으나 거절당했으며, 몰래 강의를 듣고 규기보다 먼저 학설을 발표했다고 적고 있을 정도로 그들의 모함을 당했지만, 후대인들은 조작된 기사로 보고 있다. 당 태종이 그의 명성을 듣고 도첩을 내려 서명사에 거주케 했으며, 그를 부처님처럼 존경했던 측천무후는 신라 신문왕의 귀국 요청을 정중히 거절했다. 현장과 규기가 입적한 뒤, 인도의 고승들이 입국할 때마다 황제의 칙령으로 그들과 토론하는 등 중국불교계의 대표 역할을 했다고 한다. 이 책의 저자는 '현장의 제자'

라 표현하였지만, 현장의 강의를 듣고 현장과 함께 불전의 한역에 참여하기도 했으나 사제 관계는 아닌 것으로 알려져 있다. 〈편집자 주〉

　우리는 일반적으로 '서역대장경'이라고 부르는데 티벳에서는 '성어부^{聖語部}'와 '해설부^{解說部}' 두 부문의 이름으로 불리며 총칭은 없다. 처음에는 개개의 서적이 필사로 전해졌는데 13세기 무렵부터 목판에 의한 전체 인쇄가 개시되어 그 후 새롭게 판목이 만들어졌다. 현재 일본에 있는 판본 가운데 가장 훌륭한 것은 18세기 초엽의 델게$^{Sde\ dge}$로, 『서장대장경총목록』^{東北大學藏版}에 의해 그 내용을 알 수 있다. 또 17세기부터 18세기에 걸쳐서 만들어진 북경판은 나중에 병화^{兵火}로 판목이 소실^{燒失}되었다. 판본의 한 세트가 오오타니^{大谷} 대학에 있고 수년 전에 사진판으로 공간^{公刊}되었다. 이 밖에도 날탄$^{Snar\ than}$, 쵸네$^{Co\ ne}$판 등도 일본에 판본이 있다.

　성어부와 해설부라는 2대 구분은 모든 판에 공통하는데 각각 세세한 구분은 판에 따라 다르며 내용은 대체로 같지만 그 중에 판에 따라 생략된 서적도 있다.

　성어부는 붓다의 가르침으로 율과 경을 수록한다. 율은 소승의 일파인 유부의 소전을 주로 한다. 이 점은 한역의 율이 7부파의 소전을 대부분 포함한 것과 대조적이다. 또 경은 대승의 것을 주로 하고 소승경은 부수로 하고 있다.

해설부는 성어부에 속하지 않는 모든 번역을 포함하며, 한역에서 말하는 논에 해당하는데 경의 주석, 철학서와 문학적·학술적인 저작 등이 수록되어 있다.

이상의 성어부와 해설부를 합하면 거의 한역경전에 필적하는 양이며 델게판에 따르면 4,569부의 서적이 된다. 그 중 15%만이 한역과 공통되는 내용이다.

인도어 대부분의 원전이 산일된 현재로서는 한역의 부족함을 보완하는 의미로도 티벳어역 성전은 매우 중요한 자료이다.

빠알리어 성전

불교 성전을 저술하는데 인도의 표준 문장어인 산스크리트어[범어]를 비롯해서 몇몇 방언으로 쓰여진 것은 분명한데 현재로는 빠알리어로 쓰여진 '삼장'만이 완전한 형태로 남아 있다. 즉 실론 섬을 비롯해서 미얀마, 태국, 캄보디아, 라오스 등 동남아시아에서 널리 쓰이는 '남방불교'의 성전이다. 이것은 '분별설부[테라바다] Thera-vada'라 불리는 소승계 부파의 일 분파의 소전이어서 한역이나 티벳어역처럼 여러 가지 계통의 것을 집성한 것은 아니고 분량도 기껏해야 십분의 일에 그친다. 빠알리어 성전은 실론 등의 각국에서 각각의 문자에 따라 출판된 것 외에 19세기 말부터 20

세기에 걸쳐서 영국의 '빠알리성전협회Pali Text Society'를 중심으로 로마자본이 간행되고, 일본에서도 『남전대장경』이란 명칭으로 본전本典 전부와 주석의 일부분이 1935~41년에 일본어로 번역·출판되었다.

빠알리어 성전은 율·경·논의 삼장으로 이루어진다. 경은 『장부』, 『중부』, 『상응부』, 『증지부』, 『소부』의 5부로 나뉘고 이 중에 처음의 4부는 장단의 여러 경을 수록, 한역의 아함과 공통된 내용이 많다. 제5의 『소부』는 크기, 형식, 중요성도 모두 다른 15부의 서적을 수록한다. 그 중에서도 『담마파다Dhammapada 법구경』·『숫타니파타Suttanipata 경집』 등은 짧은 교훈을 모은 것이고, 『자타카Jataka 본생경』는 붓다의 전생이야기로 우화, 동화, 민화의 집성인데 특히 유명하다. 논은 철학적 논서로 한역의 '아비달마' 류인데, 공통된 부분은 그다지 많지 않다.

19세기 말에 빠알리어성전이 유럽 학자의 관심을 끈 이래 시작된 그 역사적 평가에 관한 논쟁은 지금도 매듭지워지지 않았다.

실론 등의 전승에 따르면 빠알리어는 붓다 석가모니가 설교에 쓴 마가다국의 방언과 같은 것이며, 기원전 1세기에 실론에 전해진 성전이 현재까지 계속된다고 한다. 물론 서양학자들이 이 설을 그대로 신봉하지는 않지만 마가다국설이든 인도 서북지방설이든 상당히 오래된 시대, 아마 산스크리트어 불교성전이 성립되기 이전의 언어로 쓰여진 가장 오래된 불교성전이 빠알리어 성전이라는 설이 오랫동안 유력했었다.

19세기 말 무렵에 유럽 학자가 이 설을 주창했을 때에는 산스크리트어 불교성전이나 한역이나 티벳어역에 관해서도 아직 불완전한 것밖에 알 수 없었으므로 이와 같은 생각도 무리는 아니었을 것이다. 게다가 신화나 번잡한 의례를 동반하지 않는 남방불교의 형태가 독일, 영국, 네덜란드 등 프로테스탄트 국가의 학자들에게는 바람직하게 생각되어졌으므로, 빠알리어 불교를 원시불교붓다 자신의 불교와 동일시하는 경향을 조성한 것으로 볼 수 있다.샤이엘(폴란드) 일본에서 메이지明治(1868~1912) 이래, 주로 정토진종과 조동종에서 빠알리어 학자를 많이 배출한 것도 우연이 아닐 것이다. 이 두 종파는 번쇄한 종교의례를 물리치고 단적으로 종교 감정과 직결한다는 점에서 프로테스탄트와 유사한 점이 있기 때문이다.

그러나 20세기 초엽부터 남방불교에 대한 북방불교가 유럽에서도 새롭게 연구되고 특히 산스크리트어의 불교성전이 단편적이지만 중앙아시아 등에서 발견된 이래, 빠알리어성전의 절대우위에 대하여 의문을 갖게 되었다. 냉정하게 역사적으로 고찰하면 실론에서 불교성전이 정비된 것은 5세기 붓다고사Buddhaghosa의 시대이며, 이것은 법현이나 쿠마라지바와 거의 같은 시기이다. 빠알리어 성전 중에는 매우 오래된 요소 - 그 일부분은 붓다 시대로 거슬러 올라갈지도 모른다 - 가 포함되어 있음은 사실이지만, 북방불교에 대해서도 같은 점을 말할 수 있다. 아니 그보다 같은 제재를 다룬 양쪽 경전을 비교할 때 – 가령 붓다의 최후 몇 개월을 서술한 『열반경』 – 빠알리문보다도 한역의 아함쪽이 원초형태에 가깝다는 것을 알 수 있다.

요컨대 빠알리어성전도 또한 일찍이 몇 가지 병존했던 부파 중의 하나가 전승한 것에 지나지 않고 어쩌다가 실론섬에서 보존되어 현재에 이르렀던 것이다. 불교에는 오래 전부터 많은 경향이 공존했고 사상적으로든 교단 조직상에서든 상당히 다른 것이 행해졌다는 견해가 올바를 것이다. 붓다 자신의 포교 태도는 포용력이 있었던 것이다.

물론 이렇게 말했다고 해서 빠알리어성전의 사상적 내지 문학적 가치를 경시할 생각은 아니다. 간결한 가운데 뜻 깊은 단구短句, 마음을 따뜻하게 해주는 이야기들, 인생문제의 적절한 지도 등, 다함없는 종교문학의 보고寶庫라는 것에는 변함없다. 단지 빠알리문 이외의 문헌을 일괄적으로 붓다의 설이 아니라고 배척하는 편협한 태도를 경고하고 싶은 것이다.

산스크리트어 성전

네팔에 주재한 영국인 호지슨B.Hodgson이 1833년 경부터 현지에서 산스크리트어로 씌어진 불교성전의 사본을 수집하기 시작했다. 그의 수집에 흥미를 가진 사람이 프랑스 학자 뷰르누흐 E.Burnouf로 그는 네팔의 사본을 근거로 불교, 특히 대승불교 연구의 단서를 열었다.

12세기 이래, 인도 본토의 대부분에서 불교가 소실된 뒤에도 네팔에서는 인도교와 혼합하면서 대승불교가 존속했던 것이다. 네팔에서는 '구법九法'으로 『팔천송반야』, 『화엄경입법계품』, 『화엄경십지품』, 『월등삼매경』, 『능가경』, 『법화경』, 『비밀대교왕경』, 『보요경』, 『금광명경』 등의 9부경전을 산스크리트어로 서사하여 전해왔다. 이들은 모두 한역과 티벳어역으로 북방불교에 있어도 잘 알려진 경전이었다. 금세기 초엽부터 일본인도 네팔에서 산스크리트어 사본을 수집하여 현재 도쿄東京대학과 교토京都대학에 각각 수백 점을 소장하고 있다. 이들은 주로 경이 많은데 논도 포함되어 있어 대승불교의 연구에 중요하다. 단지 필사의 연대는 비교적 새 것이어서 오래된 것이라도 11세기 후반*이며 17세기 이후의 것이 많다.

* 카와구찌에까이(河口慧解)가 티벳에서 입수한 네팔계의 『법화경』 사본은 8세기의 것이라고 하는데, 이는 잘못이며 오서(奧書)에 명기되어 있듯이 서력으로 계산하면 1069~70년의 필사이다.

그러나 또 한편 중국 신강성의 창고에서 1890년, 영국의 바우어Bower 대위가 자작나무 껍질로 된 『공작왕주경孔雀王呪經』의 산스크

현존 불교성전 **99**

리트어 사본을 입수한 것을 시초로 그 후 영국, 프랑스, 독일, 러시아, 일본의 각국 탐험대가 신강의 여러 지방과 돈황 등에서 고사본을 발견했다. 그 대부분이 단편에 지나지 않지만 이것에 의해 옛날의 불교성전에 대한 지식이 현저하게 증대했다. 서체로 볼 때 4세기 후반의 것도 포함되어 있는데 대부분은 7세기부터 10세기 무렵에 쓰여 진 것으로 추정된다.

1930년에는 아프가니스탄의 바미얀Bamian에서 상당한 분량의 사본 단편을 발견했다. 이곳은 일찍이 법현이나 현장이 중국에서 인도로 가는 도중에 통과한 길목으로, 제작시기가 늦어도 7~8세기까지 내려가지는 않는다. 아마 그 이전의 것도 포함되었을 것이다.

더구나 그 이듬해인 1931년에 인도 카슈미르의 길기트Gilgit에서 대량의 산스크리트어 사본이 발견되었다. 이것도 8세기를 내려가지는 않는다고 추정되며, 그 속에는 6세기에 속하는 것으로 여겨지는『법화경』과 기타 중요한 불교성전이 포함되어 있다. 길기트 사본 가운데『설일체유부율』,『금강반야경』등은 출판되었으나 기타 대부분의 내용은 아직 불확실하다.

이상이 주로 현재 우리가 이용 가능한 산스크리트어 불교성전의 출소이다. 그 밖에도 일본의 호오류우지法隆寺나 다른 곳에서도 오래 된 범어 사본이 보존되어 있다. 서체를 보면 7~8세기의 것으로 양은 적지만 일본에서도 옛부터 연구의 전통이 있어 왔다.

특히 자운존자慈雲尊者 온코오飮光는 1759~61년 무렵 이것을 연구하여 『범학진량梵學津梁』 천 권을 저술했다. 이것의 대부분은 미간未刊이며 직필본이 오사카大阪의 고귀사高貴寺에 보관되어 있다.

산스크리트어 불교성전은 정리·집성되어 전해지지는 않지만 한역 등을 참조하면 대체로 다음과 같이 분류할 수 있다.

> 첫째, 전에 네팔의 '구법九法'으로 들은 『법화경』 등의 대승경전.
> 둘째, 마찬가지로 네팔에 사본으로 전해진 『보요경』을 비롯해서 기타 『마하바수트』와 『아바다나샤타카Avadana-sataka』, 『디브야아바다나Divyavadana』 등 붓다의 전기, 전설, 그 이외의 설화 등의 집성.
> 셋째, 밀교관계의 경전.
> 넷째, 아함과 율.
> 다섯째, 중관, 유식, 구사, 인명 등 불교철학의 논서.
> 여섯째, 불교의 문예작품.

이들 중 넷에서 여섯째까지는 정확한 표준문법의 산스크리트어로 쓰여졌지만, 나머지는 속어가 섞인 변칙적인 산스크리트어를 이용했는데 협의로 불교범어*라고 한다.

> * 이전의 일부 학자 설에 의하면 원래 완전한 속어로 쓰여 진 성전을 표준 산스크리트어로 '번역'하려는 과정에서 발생한 것이

'불교범어'라고 생각되었다. 그러나 현재 유력한 설(프랑스의 인도어학자 루느)에서는 속어에 익숙한 작자가 산스크리트어답게 쓰려고 불교범어의 문체로 썼다고 한다. 배워서 익숙해짐에 따라 점점 표준어에 가까워진 것이다.

 이상의 불교성전은 각각의 학자에 따라 영국, 프랑스, 독일, 러시아, 미국, 이탈리아, 인도와 일본에서도 순차적으로 출판되었고 지금도 계속되고 있는데, 전부에 걸친 종합적인 출판계획은 아직 없다.*

* 전후, 인도의 다르방가(Darbhanga)에서 주요한 불교의 산스크리트문헌(Budhist Sanskrit Texts)을 전 25권으로 출판할 계획을 세우고 이미 대부분 간행을 끝냈다. 편리하지만 중요한 것이 누락되었으며 또한 교정도 아직은 엄밀하지 않다.

각국어의 성전

 이상으로 한역, 티벳어역, 빠알리어, 산스크리트어와 언어의 종류에 따른 현존 불교성전을 개관했다. 이 밖에도 인도의 방언 아파브랑샤어Apabhramsa, 고古 뱅갈어로 된 것도 조금 있으며, 또 신강新疆의 고대사어古代死語:코탄, 쿠차, 위글, 서하 등로 쓰여진 것도 발견·연구되고 있다. 그러나 이 책에서는 이것을 잠시 도외시해도 괜찮을 것이다. 본서 독자의 입장을 고려해서 한역성전을 중심으로 이야기를 전개하고 필요가 있으면 그 이외의 것도 함께 참조하겠다.

3_경의 형식과 실례

법신게 法身偈

 붓다의 말씀은 여러 가지 형태로 전해졌는데 시^{詩}의 형식도 즐겨 사용되었다. 붓다가 포교를 시작해서 얼마 안 되어 마가다국의 수도 라자가하 교외에 체재하고 있던 중이었다. 최초의 다섯 제자 중에 한 사람인 앗싸지^{Assaji}가 마을로 나와 탁발하고 있자 이것을 본 사리뿟따^{사리불}라는 수행자가 다가와서 물었다.

 "당신의 모습은 맑고 깨끗한데 당신의 스승은 누구냐?"
 "나는 사끼야^{석가} 출신의 존귀한 분을 스승으로 우러르고 있다."
 "당신의 스승은 무엇을 가르치시는가?"
 "내가 이 길에 들어선 지 아직 얼마 안 되었다. 자세히 법을 설할 수는 없지만 간략히 의미를 그대에게 들려주마."

 이렇게 말하여 서술한 것이 다음의 시구^{詩句}이다.

모든 일은 원인이 있어 생긴다.

그 원인을 여래(如來)는 설하셨다.

그리고 또 그 멸각(滅却)도…

위대한 사문은 이와 같이 가르쳤다.

이 말을 들은 사리뿟따는 그 자리에서 뜻을 깨닫고 친구인 목갈라나(目犍連)를 꾀어서 붓다에게 가서 제자가 되었다.

사리뿟따가 불교에 귀의한 설화를 빠알리문『율장대품(律藏大品)』에 의해 소개했는데, 이 설화는 여러 성전에서 조금씩 다른 형태로 실려 있다. 위의 예문인 싯구도 다소 다르고 그 중에는 시의 형태가 아닌 산문으로 서술한 책도 있으며 완전히 생략한 책도 있다.

『마하바스투』 3·61에서는 앗싸지가 우빠세나로 되어 있고 그가 사리뿟따의 질문에 대답하여 간단히 "스승은 연기법에 의거해서 해탈할 것을 가르친다."는 것만을 말한다. 사리뿟따는 그 의미를 즉시 이해하고 집에 돌아가서 친구인 목갈라나에게 그 가르침을 시의 형태로 설한다. 그것이 위에서 돌은 싯구와 같다.

『불본행집경』 권48(대정장 3·876中이하)에서는 앗싸지가 사리뿟따에게 설한 싯구와 사리뿟따가 이해해서 목갈라나에게 들려준 싯구는 다소 다르지만, 경전 편집자 말로 부파에 따라서 전승의 차이가 있음을 밝히고 있다.

이 싯구는 대승경전의 산스크리트문 사본의 말미에 부기되어 있는 경우가 많다. 아마 불교에서 널리 알려진 싯구 중에서도 가장 오래된 것 가운데 하나일 것이다. 한역도 여러 가지가 있는데 비교적 원문에 충실한 의정義淨의 역대정장 23·1027中下을 들어 보자.

　　諸法從緣起　　제법은 연에 의해 일어난다.
　　如來說是因　　여래는 이 인을 설하셨다.
　　彼法因緣盡　　그 법의 인연이 다함.
　　是大沙門說　　이것이 대사문의 설이다.

이것은 '법신게'라는 이름으로 잘 알려진 것이다. 붓다의 본체인 진리 그 자체, 법신을 간결하게 표현한 싯구라는 뜻이다. 혹은 그 내용에서 '연생게緣生偈' 또는 '연기게緣起偈'라고도 한다.

제행무상의 게

이것과 함께 유명한 것으로 '무상게無常偈'로 알려진 것이 있다. 빠알리문, 산스크리트문 외에 한역에도 몇 종류가 있다.
　산스크리트어본에 의해 번역하면,

　　아아, 모든 현상은 무상無常하다.

생하거나 멸하는 성질을 가지고 있다.

생하였다가 또 멸한다.

그것이 가라앉으면 안락安樂하다.

아함부의 『열반경』대정장 1 · 26下, 188下에 의하면 붓다가 쿠시나가라에서 입멸했을 때, 신과 사람들이 가지각색의 싯구를 노래했다. 그 중에 제석천이 부른 것이 이 노래라고 한다. 빠알리문『장부경전』2 · 157他

그러나 같은 아함부에서도 다른 곳대정장 2 · 253下, 435上, 672中. 빠알리문『상응부』1 · 6. 2 · 193他에서는 붓다의 입멸과는 관계없이 다른 설법 내용을 이루고 있다.

또한 『자타카』 1 · 392에 나오는 이야기에 의하면 옛날 마하수닷사나Mahasudassana 大善見라는 왕이 죽음에 이르러 왕비와 대신들이 탄식하며 슬퍼하는 것을 위로해서 이 노래를 지었다고 한다.

한역에서 전하고 있는 대승의 『열반경』에는 이 노래에 관해서 다음과 같은 이야기를 싣고 있다.

석가모니불은 전신前身일 때, 설산히말라야의 산 속에서 수행을 하였다. 그 때 붓다가 세상에 나타나지 않았으므로 수행자는 올바른 가르침을 알고 싶어 했다. 제석천이 그 마음을 알아차리고 귀신의 모습을 하고 나타나 『제행무상諸行無常 시생멸법是生滅法』의 두 구절을 노래했다. 수행자는 감격해서 뒤의 두 구절도 가르쳐 달라고 원했으나 귀신은 배가 고파 할 수 없

경의 형식과 실례 *107*

다고 한다. 수행자는 두 구절을 가르쳐주면 자신의 몸을 주겠다고 약속했다. 귀신이 『생멸멸이生滅滅已 적멸위락寂滅爲樂』을 노래하니 수행자는 벽면에 이것을 기록하고는 벼랑으로 몸을 던졌다. 귀신은 제석천의 모습으로 돌아와 수행자를 살렸다.

그 수행자를 설산동자라고 부르기 때문에 이 게송을 '설산게雪山偈'라고도 한다.

몇몇 한역의 예 가운데에서도 『열반경』 권14^{대정장 12 · 450이하, 692이하} 같음에 나온 아래의 한역문이 일본에서는 가장 잘 알려진 것이다.

    諸行無常   모든 행行은 무상無常하다.
    是生滅法   이 생멸을 법이라 한다.
    生滅滅已   생멸해서 멸이 끝나면
    寂滅爲樂   적멸해서 즐거움이 된다.

이 한문의 의미를 일본에서 유행가로 만든 것이 다음의 '이로하노래いろは歌, 유행가'이다.

    형상은 향기를 뿜어내지만
    흩어지고 마는 것을…
    이 세상이 어찌 항상하다고 했는가?

저 유위有爲의 깊은 산을 넘어서

풋 꿈을 꾸지 않으리…

취하지도 않으리.*

> * 이로하노래는 일본 진언종의 개조인 쿠카이(空海)가 지은 노래이다. 이것은 '설산게'를 의역한 것으로 일본의 가나 50음도를 모두 사용해서 한 글자도 겹치지 않은 것으로 유명하다.

일반적으로는 홍법대사弘法大師의 작품으로 알려지고 있는데 7·5조 4구의 유행가는 10세기 말 무렵부터 유행한 것으로 대사의 시대보다 훨씬 뒤에 성립한다.

이 설산게, 일명 무상게는 대승과 소승에 관계없이 많은 파에서 인용하고 있다. 남방 상좌부에서는 상기의 경전 외에 주석서에도 나오고 있으며 산스크리트어본에서는 『구사론』의 야소미트라의 주석, 『중론』의 찬드라키르티의 주석, 한역 『유가사지론』 권18 등에도 인용되고 있으므로 대표적인 여러 파에서 함께 중요시했던 것이 분명하다.

칠불통계게 七佛通戒偈

역시 빠알리어, 산스크리트어 외에 한역에 의해서도 잘 알려진 다음의 시구가 있다.

모든 악을 짓지 말고
선善을 실행하고
자기의 마음을 맑게 한다.
이것이 붓다들의 가르침이다.

빠알리문은 『법구경』 183번에 나오는 것 외에 『장부』2·49에서는 과거세의 비바시vipassin 붓다가 설한 것으로 되어 있고 또 『마하바스투』3·420에서는 과거세 붓다인 카니 붓다가 설했다고 한다. 또 한역 『증일아함경』대정장 2·787中에서는 과거세 붓다인 깟사빠 붓다가 설한 것으로 되어 있다. 이러한 점에서 과거 6불에 석가모니를 더하여 '칠불통계게'라고 부른다. 위에서 번역한 것처럼 원문에서 '붓다들'이라고 복수로 말하므로 모든 붓다에 공통된 가르침인 것이다.

이 칠불통계게도 대승과 소승의 각파에 공통하고 있다. 대승의 『열반경』대정장 12·793下이나 『대지도론』대정장 25·192中 등에 의하면 다음과 같다.

諸惡莫作　모든 악을 짓지 말라.
諸善奉行*　모든 선을 받들어 행하라.
自淨其意　스스로 그 마음을 맑혀라.
是諸佛敎　이것이 모든 부처의 가르침이다.

* 諸善奉行은 衆善奉行으로 쓰기도 한다〈편집자 주〉.

위에서 소개한 법신게, 무상게, 칠불통계게가 모두 가지각색의 환경에서 설해지는데 이것을 보면 같은 노래가 여러 가지로 관련되어서 쓰였고 성전의 편집자가 적절하게 끼워넣은 것이리라. 이들 노래가 누구에 의해 언제 어디서 창작되었는지는 사실상 전해지지 않은 경우가 많다. 이들 많은 시 가운데 붓다 시대까지 거슬러 올라가야 하는 것도 적지는 않을 것이다. 혹은 붓다 당시 이미 일반에게 널리 회자되는 문구나 싯구를 수시로 채용한 경우도 있었을 것이다.

법구경

『법구경』은 빠알리문의 것이 가장 잘 알려졌고 산스크리트어본, 프라크리트어본, 한역, 티벳어역 등에서도 읽을 수 있다. 빠알리문의 49번을 번역하면 다음과 같다.

가령 꿀벌이
꽃의 색과 향기를 상처주지 않고
꿀을 따가는 것과 같이
성자聖者도 그와 같이 마을을 간다.

수행자가 마을로 들어가서 탁발할 때의 담담한 기분을 꿀벌에 비유한 노래이다.

불교와 같은 시대에 같은 지방에서 일어난 자이나교* 성전 가운데 부처의 가르침과 유사한 말을 자주 발견할 수 있는 것은 당연한데 『다샤바이카리카』Dasavaikalika 제1장 2와 3와 '수타감마판' Suttagame 2·947에는 다음과 같이 말하고 있다.

> * 기원전 6세기 무렵 갠지스강 중류 유역에서 일어났다. 개조인 마하비라는 붓다와 같은 시대의 선배로 교리나 교단조직에도 닮은 점이 많다. 마하비라는 예부터 있던 지나 종교의 재흥자로 일컬어진다. 그 근본성전은 아르다·마가다어로 쓰여졌는데 언어도 불교의 빠알리어와 비슷하다. 불교와는 달리 외국으로는 포교되지 않았으나 인도 서해안 방면에는 현재에도 150만의 신자가 있다.

가령 나무에 핀 꽃에서
벌이 꿀을 먹고

꽃을 상처주지 않듯이
이와 마찬가지로 해탈한 출가승들은
세상에서 행이 바르고
꽃에서 꿀벌처럼
기꺼이 시식施食을 받는다.

위의 노래와 비슷한 공통점이나 유사점은 다른 곳에서도 볼 수 있는데 불교와 자이나교는 문화적, 민족적인 기반이 같으므로 두 성전도 그 공통의 기반에서 이해해야만 한다.

이러한 노래는 학습을 위해서 자주 이용되었음에 틀림없는데 노래가 먼저 성립하고 나중에 산문의 설명이 붙여졌다는 가정은 올바르지 않다. 처음부터 노래에 설명이 붙여져 있었을 것이다. 단지 그 설명은 때와 경우에 따라서 얼마쯤 변화하거나 혹은 전혀 다르게 이용되었을 것이다. 이것은 노래에만 한정된 것이 아니다. 산문 형식의 단문, 혹은 제법 긴 경전이 그대로 다른 문헌에 편입된 흔적조차 있다. 모두 다 어느 것이 역사적으로 가장 오래된 것인지는 쉽게 정할 수 없다.

예컨대 교단의 역사에서 보면 사리뿟따의 입신入信은 초기에 속하는데 거기 인용된 법신게가 처음부터 이 설화를 위해서 설해졌다는 것은 반드시 단정할 수 없다.

경의 형식과 실례

우둔한 제자

빤타까Panthaka라는 두 형제가 있다. 형 빤타까는 일찍부터 붓다에게 출가하고 이미 성자의 경지에 도달했으므로 아우인 빤타까도 출가시켜서 수행의 길로 들어서게 하였다. 출가한 자는 우선 하나의 짧은 시를 암기하게 되어 있었기에 형은 아우에게 다음과 같은 시를 가르쳤다.

몸과 말과 마음으로 나쁜 일을 하지 않으면
세상에 살아가는 것들을 괴롭히지 않는다.
바르게 알아차려서 욕망의 대상이 헛됨을 안다면
무익한 고苦는 반드시 사라질 것임에 틀림없다.

아우 빤타까는 이 시를 반복해서 외워 보았으나 도저히 암기할 수 없었다. 3개월이 지나자 근처에 있는 목동까지 자연스럽게 외우게 되었으나 아우 빤타까는 여전히 외우지 못했던 것이다.

교단에서는 5월 15일 보름달이 뜨는 날 한 장소에 모여서 3개월 동안 안거安居라고 해서 외출하지 않는 것을 정해 놓았다. 이 안거 때에 제자는 스승에게 배운 것을 반복해서 독송하고는 그것이 되면 새로운 문구를 배우도록 되어 있었다. 아우가 가르쳐 준 단시短詩조차 도저히 외우지를 못하자 형은 화가 나서 이렇게 외쳤다.

"너 같이 멍청한 놈은 불도에 뜻을 두어도 불가능하다."

꾸중을 들은 아우는 방에서 나와 소리 높여 울었다. 붓다가 지나가다가 이 울음소리를 듣고 격려하곤 아난다를 불러 지도하도록 명령했다. 아난다가 문구를 가르쳐 외우게 했지만 결국 포기하고 말았다.

그래서 붓다는 아우 빤타까를 불러서, "나는 먼지를 턴다. 나는 더러움을 깨끗하게 한다."라는 두 구절만을 암기시켰으나 그는 이 두 구절조차 외우지 못했다. 붓다는 수행승들의 신발에 쌓인 먼지를 털면서 이 구절을 외우도록 빤타까에게 명령했다. 빤타까는 명령을 열심히 실행하는 사이에 결국 두 구절을 암기했다. 그리고 이 두 구절을 기연機緣으로 마음의 번뇌탐욕, 분노, 어리석음의 본질을 달관하고 홀연히 성자의 경지에 도달하게 되었다.

이 어리석은 빤타까의 설화는 한역『유부비나야』권31, 『대비바사론』권 180 등 외에 빠알리문에도 세부적인 것은 약간 다르지만 대강은 같은 형태로 서술되어 있다. 초기 교단에서 교육의 모습을 추찰하는 단서가 될 것이다.

위의 설화에서 알 수 있듯이 이러한 단시나 짧은 문구는 우선 먼저 암기해야 하는데 그것은 단지 기계적으로 외우는 것만으로 끝나는 것이 아니다. 그 시나 문구를 반복해서 떠올리고 자신의 체험과 객관적인 사실에 맞추어 고찰하여 그것을 계기로 깨달음에 이르는 것을 목적으로 한다. 단순히 지식욕을 만족시키기 위한 것도 아니고 또 박학을 자랑하기 위한 것도 아니다. 모든 것은 명상을 위한 수단이다. 이러한 의미에서 말하면 중국선에서 발달한 '공안'과도 전혀 관계없지 않다.

유훈

제자들이 붓다의 말씀에서 가장 중요하게 기억하고 전한 것은 반드시 싯구詩句만은 아니었다. 가장 간결한 말씀의 하나로 붓다의 최후 유훈이 있다. 붓다가 입멸하기 직전 제자들에게 말씀하신 것은 빠알리문 『열반경』^{장부 2 · 156}에 의하면 다음과 같다.

"수행자들이여. 그대들에게 고한다. 모든 현상은 변해간다. 게으르지 말고 부지런히 노력하라."

이에 상당하는 『장아함경』 권4에 수록된 「유행경」^{대정장 1 · 26中}은 다음과 같이 기록하고 있다.

"그러므로 비구여. 방일하지 마라. 우리는 불방일하므로 자연히 정각을 이룬다. 무량한 많은 선도 또한 불방일에서 얻어진다. 일체만물이 항상 존재하는 일이 없다."
是故 比丘 無爲放逸 我以不放逸故 自致正覺 無量衆善 亦由不放逸得 一切萬物無常存者

생각건대 이와 같이 붓다가 한 말씀은 각각의 파에 따라 스승으로부터 제자에게 구전되어 전해졌을 것이다.

여시아문

'이와 같이 나는 들었다如是我聞'라는 서두는 습관적으로 이것이 경이라는 것을 보여준다. '이와 같이'는 본문의 내용을 가리킨다. 여기서 말하는 '나'는 전통적인 해석에 의하면 붓다의 제자인 아난다를 말한다.

앞에서 서술한 것처럼 붓다 입멸 후, 마하깟사빠가 주최해서 성전편집회의를 집행했다. 그 자리에 그가 아난다에게 경에 관해서 질문했을 때, 아난다는 '이와 같이 나는 들었다 …'라고 하면서 낱낱이 경을 독송했다는 것이다. 남전南傳이나 북전北傳이나 가장 잘 알려진 이 '나'는 아난다를 가리키는 것으로 되어 있다.

그러나 사실 반드시 그렇지만도 않다. 많은 경 가운데 아난다와는 관계없는 것도 적지 않으며 그 중에는 붓다가 직접 등장하지 않고 다른 제자가 서술한 말을 기록한 것도 있다.

『대지도론』에서는 이러한 틀에 박힌 말인 '나'를 해설하는데 있어 단지 '불제자'를 말하는 것이지 반드시 아난다로 한정짓지 않는다. 오히려 이것이 합당할 것이다. 그렇게 하면 이 '나'는 누구라도 괜찮으며 경을 스스로 독송하고 또는 다른 사람에게 들려줄 때 '이와 같이 나는 들었다'로 시작하는 것이다.

불교와 여러 가지 점에서 유사한 자이나교의 성전은 반드시 일정한 문구로 시작되는 것은 아니지만 '친구여, 나는 저 존귀한 분이 이와 같이 설하신 것을 들었다'를 모두에 두는 경우가 흔히 있다. '존귀한 분'은 불교와 같은 말인데 이 때는 자이나교의 개조인 마하비라를 가리킨다. 주석자의 설명에 의하면 이 '나'는 마하비라의 제자 중의 한 사람이며, '친구'는 화자話者의 제자를 가리킨다고 한다. 즉 마하비라로부터 직접 들은 가르침을 다른 사람에게 말하는 것이다.

용어나 환경이 아주 비슷한 점에서 보아도 이 두 종교의 성전에 쓰여진 말의 의미는, 적어도 기원으로는 같을 것이다. 이 비교에서 고찰해도 불교의 경인 '이와 같이 나는 들었다'는 역시 붓다의 제자가 스스로 들은 것을 타인에게 들려준다는 뜻임에 틀림없을 것이다.

'들었다'는 표현에도 주의해야만 한다. '듣는다'라는 동사는 한자나 일본어에서도 가령 '백문百聞이 불여일견不如一見'이나 '들어서 다르고 보아서 다르다' 따위와 같이 '본다'보다도 불확실한 느낌이 드는 경우가 많은데 인도의 말에서는 느낌이 전혀 다르다.

인도에서는 일반적으로 성전을 비롯해서 학문에서도 서적이 아닌 스승으로부터 제자에게 구전으로 전하기 때문에 다른 나라에서 '읽다'나 '배우다'라는 말을 인도에서는 '듣는다'라고 한다. 따라서 '많이 들었다多聞'라고 하면 박학한 사람을 말한다. 이것은 일반 학문도 마찬가지인데 종교라면 성전에 통한 것을 말한다. 바라문교에서는 가장 오래되고 가장 존귀한 성전 베다문헌을 말한다. 스승이 제자에게 입으로 말하여 들려주면서 전하는 것이며 인간의 저술이 아니라는 의미이다. 원어인 '시르티 sruti'는 직역하면 '귀로 듣는 것'인데, 실제는 '천계서天啓書'다. 그리고 종교나 철학을 논한 서적 가운데 '이와 같이 들었다'라고 하면 '성전에 출전이 있다'와 같은 뜻이다.

따라서 '많이 들었다'라는 말도 바라문교나 불교, 자이나교 각각의 종교에 관해서는 '성전에 통한다'는 것을 가리켜 말하는 것이다.

이처럼 생각하면 불교의 경에 처음 나오는 '이와 같이 나는 들었다'에 관해서도 그 뜻하는 바를 간과해서는 안 된다. 즉 '지금부터 서술하는 경전은 내가 분명히 정통의 스승에게 배운 것이어서 틀림없는 성전이다'라는 의미가 내포되어 있는 것이다.

그렇다면 이 '나'는 물론 아난다 한 사람에 한하지 않고 붓다의 직제자뿐만 아니라 바른 전통을 지키는 후세에도 미친다고 할 수 있을 것이다. 말하자면 경을 독송하는 사람의 신조를 서술한 말이라고 보아야 할 것이다.

형식적으로 말하면 '이와 같이 나는 들었다'로 시작되는 것은 모두 경이며 소위 경이라는 표시가 될 수도 있을 것이다.

한역경전의 일례

문여시. 일시불재사위국기수급고독원. 이시세존고제비구.
아불견일법질어심자.

聞如是 一時佛在舍衞國祇樹給孤獨園 爾時世尊告諸比丘 我佛見一法疾於心者

위의 내용은 『증일아함경』 권4_{대정장2 · 562下}에 수록된 경의 일부다. 경문 가운데 '문여시'는 보통 '여시아문'과 같다. 또 경문 가운데 '불'은 원문에서 '세존'에 상당하는 말인데 '존귀하신 분'으로 번역했다. 이 경에 해당하는 것이 빠알리문에서는 보이지 않지만 마음의 움직임을 원숭이에 비유한 경이 『잡아함경』 권12 _{대정장 81下와 82上}에 있으며 지금의 경은 물론 앞의 경보다도 훨씬 상세하다. 이에 해당하는 빠알리문은 『상응부』 2 · 94 이하에 있다. 위의 전문은 짧은 경이 훨씬 간략한데 아마도 원초적인 형태일 것이다.

길상경

빠알리문의 짧은 경으로 『길상경』이라고 불리는 경이 있는데 유사한 것이 한역에도 있다. 우선 빠알리문에서 보기로 하자.

이와 같이 나는 들었다.
어느 날, 존귀하신 분께서 사밧티 교외에 있는 제따바나 숲의 아나타삔디까*라는 부호의 정원에 계셨다.

> *'외로운 이를 부양하는 자'라는 뜻으로 한역에서는 급고독장자라 하며, 수닷타(Sudatta, 須達多)라 불리기도 했다. 기원정사를 보시한 백만장자.〈편집자주〉

그 때, 한밤중이 지났을 때 한 신이 훌륭한 모습을 하고 나타나서 제따바나 숲 속을 빛내면서 존귀하신 분에게로 왔다. 그리고 그 분께 예배하고 나서 옆에 섰다. 그리고는 시로써 그 분께 말을 걸었다.
"많은 신들도 사람들도 안락을 바라고 길상을 생각합니다. 최고의 길상을 말씀해 주십시오."

어리석은 자와 친하지 말고, 현명한 자와 가까이 하라.
공양해야 할 것을 공양하는 것이 좋다. 이것이 최고의 길상이다.
넓게 배우고 기술을 익혀라. 행동을 삼가고, 잘 배워라.
좋은 언어를 구사하는 것이 좋다. 이것이 최고의 길상이다.
부모를 섬기고 처자를 사랑하고 보호하라. 열심히 일하라.

이것이 최고의 길상이다.

보시를 베풀고 가르침의 길에서 벗어나지 마라.

친척들을 애호하고 나무랄 데 없이 행동하라. 이것이 최고의 길상이다.

악으로부터 멀리하고 음주를 삼가라. 바른 것에는 게으르지 말라.

이것이 최고의 길상이다.

존경, 겸손, 만족, 감사를 잊지 말고, 때때로 설법을 듣는 것이 좋다.

이것이 최고의 길상이다.

인내하고 부드럽고, 종교가를 만나라.

때때로 법에 관하여 대화하라. 이것이 최고의 길상이다.

고행하고 순결을 지켜라. 성스런 진리를 고찰하고, 열반을 실현하라.

이것이 최고의 길상이다.

설령 세상의 관습에 따를지라도

마음에 동요 없고 근심 없어야 한다.

오염되지 말고 평화로워지기를.

이것이 최고의 길상이다.

이러한 사항을 실행하면 결코 실패하지 않고 언제나 행복하다.

이것이 최고의 길상이다.

여기서 시로 찬탄한 부분에 대한 한역은 『법구경』대정장 4 · 575上中, 『법구비유경』대정장4 · 609上中에 있다. 내용은 매우 비슷하지만 신을 위해서 노래했다고 하지는 않았다. 그러나 한역 경전에서는 붓다가 인간이 아닌 다른 것들을 위해서 설법했다고 하므로 특별히 새삼스러울 것은 없다.

여기서 '길상'이라고 번역한 원어는 '망갈라mangala'로 '경사스러운 일, 행운, 행복' 등의 의미를 지닌다.

이 경의 설법 부분은 전부 시의 형태로 쓰여졌으므로 경전 중에서는 가장 오래된 형태의 전형일 것이다.

숫타니파타

이 『길상경』은 빠알리문의 경전 제5부 『소부』에 속하는 『숫타니파타경집』에 수록되어 있다. 이것은 70개의 짧은 경을 모아서 다섯 편으로 나눈 것으로 그 대부분은 시의 형태를 이루었는데 무려 1,149편의 사구四句의 시를 포함한다. 전에 예를 보인 『법구경』과 함께 가장 오래 된 기원에 속하는 자료이다.

같은 『숫타니파타』에 『보경寶經』이라는 경이 있다. 이것은 『길상경』과 같은 앞의 문장을 포함하지 않고 17개의 시구로 이루어졌다. 귀신을 불러서 불·법·승의 삼보에 의해 축복을 기원한다. 고풍스런 운율로써 문체가 매우 클래식하다.

또한 『숫타니파타』에 속하는 『자경慈經』은 모두 교훈적·도덕적인 종교 성향이 짙은 작품인데 스리랑카의 역사로는 상당히 오래 전부터 영험의 효과가 있는 경문이다. 이것을 독송하고 필사하면 커다란 공덕이 있다고 믿었으며 현재까지도 스리랑카나 미얀마에서는 널리 행해지고 있다. 이러한 종류의 경을 『팔릿타 paritta주문』라고 한다.

초심자제요

『숫타니파타』 중에서 이들 삼경三經은 『소부경전』에서 가장 먼저 들고 있는 『쿳다까 –파타Khuddaka-patha소송』에도 수록되어 있다. 이 책은 초심자로서 알아야만 하는 『삼귀의』, 『십계』, 『삼십이신분』, 『소년승문답』이라는 짧은 글 외에 다섯 개의 짧은 경을 모아 놓은 것이다.

. 『삼귀의』란 붓다와 법과 상가교단에 귀의한다는 문장인데 이것을 다음과 같이 세 번 반복한다.

> 붓다에 귀의하옵니다. 법에 귀의하옵니다. 상가에 귀의하옵니다.
> 다시 붓다에… 법에… 상가에 귀의하옵니다.
> buddham saranam gacchami.
> dhammam saranam gacchami.
> samgham saranam gacchami.

현재로는 동남아시아의 불교와 교류가 한창이고 이 빠알리문의 삼귀의도 많이 들어 봤을 것이다. 다만 이 형식이 교단의 역사상 어느 시대까지 거슬러 올라갈 수 있는지가 문제이다.

『쿳다까-파타』의 두 번째는 견습승^{사미니, 사미}이 지켜야할 십계이다.

"살생의 금지라는 계를 나는 지키겠습니다." (이하)
주어지지 않은 것을 취하지 않음.
순결을 지킴.
거짓말 하지 않음.
주류를 삼가함.
시간 외의 식사(오후 식사)를 삼가함.
춤, 노래 등을 구경하지 않음.
꽃 장식, 향수의 사용을 삼가함.
높거나 큰 침상의 사용을 삼가함.
금은을 공양 받지 않음.

이상의 금지 조항 열 가지의 계를 지키겠다는 서약문이 십계이다

세 번째인 『삼십이신분三十二身分』은 육체의 구조를 32가지로 나누어서 학습하는 것으로 다음과 같다.

이 육체에 있는 것은 머리털, 몸에 난 털, 손톱^{발톱}, 치아, 가죽, 살, 근육,

경의 형식과 실례 **125**

뼈, 골수, 콩팥, 심장, 간, 늑막, 지라, 폐, 장, 장간막, 위, 배설물, 담즙, 가래, 고름, 피, 땀, 지방, 장贓, 눈물, 콧물, 침, 골수, 오줌, 뇌수이다.

이것에 따라 자기의 육체를 고찰하고, 안으로 반성하여 무상無常과 부정不淨을 알아서 마음을 높은 곳으로 향한다.

네 번째 『소년승문답少年僧問答』은 초심자가 알아야만 할 교의의 요소를 수法數를 들어 설명하였다.
생물은 음식물에 의해 살아가는데 물질 이외의 영적인 의미로 영양도 포함하여 생각하는 경우가 많다.
개성을 형성하는 기본으로서의 마음心과 몸體을 가리킨다.

3이란 무엇인가? 3이란 세 종류의 감수受이다.
쾌快와 불쾌와 쾌도 아니고 불쾌도 아닌 것의 세 종류를 말한다.

4란 무엇인가? 네 가지 성스런 진리사성제이다(뒤에 설명).

5란 무엇인가? 다섯 가지 구성요소오온이다.
인간적 존재의 주·객관을 포함한 다섯 요소는 다음과 같다.
색色은 물질적 요소.
수受는 외계로부터 받아들인 인상이나 감각.

상想은 외계의 형상을 심리적으로 구성하는 지각이나 표상表象.
행行은 앞의 세 가지 항목 외에 모든 심리 작용, 특히 의지 작용.
식識은 종합적인 순수 정신 활동.
인간존재는 이들 다섯 요소의 집합이므로 무아無我라고 고찰한다.

6이란 무엇인가? 여섯 가지 감각기능六內處이다.
눈·귀·코·혀·몸·뜻의 여섯 감각을 말한다.

7이란 무엇인가? 일곱 가지 깨달음의 수단칠각지*이다.
염생각을 일으킴·택법선택분별·정진노력·희만족감·경안쾌적·정정신통일·사정신의 안정를 말한다.

> *37조도품의 제 6항으로 칠각분이라고도 한다. 택법(擇法)·정진(精進)·희각(喜覺)·제각(除覺)·사각(捨覺)·정각(定覺)·염각(念覺) 등. 〈편집자주〉

8이란 무엇인가? 여덟 가지로 이루어진 성스런 길팔정도이다.
바른 견해正見·쾌의正思惟·언어正語·행위正業·생활正命·노력正精進·사념正念·명상正定을 말한다.

9란 무엇인가? 살아 있는 것들이 거주하는 아홉 주거九有情居이다.

살아 있는 것들이 기꺼이 선택하는 주거라고 했는데 사실은 명상에 의해 체험한 세계를 말한다. 욕계의 인천人天·범중천·극광정천·변정천·무상천·공무변처·식무변처·무소유처·비상비비상처를 말한다.

10이란 무엇인가? 10의 자격을 갖춘 성자아르하트·아라한이다.
주석에 의하면 팔정도에서 바른 인식正智와 '바른 해탈'를 더해서 이들의 10가지 항목을 빠짐없이 완성한 것無學을 말한다.

이상이 『소년승문답』의 전문이다. 단지 명목만을 나열한 것으로는 의미가 없다. 우선 본문을 전수해서 암기하고 나아가서는 설명이 구전으로 내려왔을 것이다. 이 『소년승문답』의 전문이 원시 교단까지 거슬러 올라가는 것을 상상하기 힘들겠지만 이와 유사한 숫자에 의한 초심자의 교육은 매우 오래 전부터 행해졌을 것이다.
이상 『삼귀의』, 『십계』, 『삼십이신분』, 『소년승문답』 외에 『숫타니파타』와 그 밖에 오경五經을 합친 책이 『쿳다까 –파타』이다.
이 책은 빠알리문을 성전聖典으로 하는 동남아시아 여러 나라에서는 오늘날에도 초심자 제요로서 존중되고 있다. 이러한 형태로 편집된 것은 경전 전체가 이루어진 시기, 즉 기원 전후라고 볼 수 있을 것이다.

이상, 짧은 경과 초심자가 암기해야 할 사항의 예를 몇 가지 보았는데 가장 길게 이루어진 경을 고찰해 보기로 하자.

경의 성립 순서

현재 네팔의 남부에 있던 까빌라밧투의 왕자로 태어난 싯다르타는 출가해서 수행하여 35세에 붓다가 되었다. 그리고 80세에 입멸하기까지 45년간 포교활동을 계속하였다. 붓다의 말씀으로 성전에 기록된 것은 이 기간에 설해진 것으로 설정한다. 붓다가 되기 이전 유년기, 소년기, 청년기 혹은 더 거슬러 올라가서 그 이전에 많은 생애에 관해서도 회상의 형태로 설해지고 있는데 모든 불교인에게 가장 큰 관심은 붓다의 45년간 공적 활동 기간이다. 특히 활동 개시 당시와 입멸 전후의 사건이 크게 부각된다. 경전을 기록한 사람들은 그 중간의 일들에 관해서는 특수한 예외를 빼고는 세월의 경과를 거의 의식하지 않는다. 중국 불교인들은 각각 종파적인 입장에서 개개의 경전 전후를 상정하였고 일본에서도 그 예를 모방하는 경우가 많았다. 그러나 이러한 논의는 역사적으로 전혀 의미가 없을 것이다. 인도 경전을 기록한 사람들은 아마 세속적인 때의 경과를 의식하지 않았음에 틀림없다. 붓다가 된 이상 언어와 행동은 시간을 초월한 것으로 생각했기 때문이다.

붓다의 최초 설법은 불교역사의 가장 중요한 사건이며 또한 많은 불교인이 열심히 기록하였다. 붓다의 설법은 고대 인도의 이상적인 황제[소위 전륜성왕]의 세계 정복과 비교된다. 이 황제는 지배의 상징인 수레바퀴의 자동적인 활동에 이끌려 무력을 사용하지 않고 전세계를 평정하고 정의에 따라 지배한다고 믿어 왔다. 붓다도 그와 마찬가지로 '법륜[정의의 수레바퀴]'을 활동시킴에 따라 모든 사람을 교화한다. 그러므로 붓다의 설법을 '전법륜[법륜을 굴림]'이라고 부른다. 붓다의 최초 설법을 '초전법륜' 또는 간략히 '전법륜'이라고 하는데 이 중요한 설법을 기록한 경전이 『전법륜경』이다.

전법륜경

『전법륜경』은 빠알리어, 산스크리트어, 한역, 티벳어역 등이 현존하고 각각 조금씩 다른 여러 본이 있다. 골자는 모두 같은데 바라나시의 교외에 있는 무리가다바[녹야원]에서 5명의 수행자를 위하여 설하였다고 한다. 한역 『잡아함경』 권15[대정장2·103下 이하]에는 한 가지 류의 경전 스물넷[제379경부터 제402경까지]을 들고 있다. 모두 사성제를 주제로 하며 무리가다바에서 설한 것이다. 이것에는 사성제의 이름을 열거한 것으로 짧은 경전[제380경]도 있고 혹은 비유를 더하거나[제389경], 혹은 수행과정 중의 문제와 관련지어서 설해 놓은 것도 있다. 이 일련의 경전 중에 최초의 것만^{제379경}을 『전법륜경』이라고 이름 한다. 여기에서는 '고뇌'와 '고뇌의 기원'과 '고뇌의 초극'과 '고뇌의 초극을 실현하기 위한 길'이라는 네 가지의 '성스런 진리^{사성제}'가 설해졌고 그 낱낱에 대해서 '이것이 고뇌이다', '고뇌를 인식해야만 한다', '인식해 마쳤다'는 삼단계를 비롯해서 다른 셋에 대해서도 '기원의 근절', '초극의 실현', '도의 실천'이라는 테마로 각각을 삼단계로 나누어 설명한다. 사성제의 각각에 삼단계가 있으므로 이것을 '3전12행^상'이라고 한다.*

> * 다른 설에 의하면, 3단계의 각각에 '안(眼)·지(智)·명(明)·각(覺)'이 있으므로 '12행상'이라고 하며 이것을 사제(四諦)에 대입하면 '48행상'이 된다고 한다.(『구사론』, 권24).

'3전12행'의 사성제를 붓다가 설했을 때에 수행자 꼰단냐^{교진여}는 그것을 금방 이해하고 깨달음을 얻었다. 그리하여 지상에서 사는 신들이 감탄의 소리를 지르고 천상에 사는 신들이 잇달아 그것에 답하여 찬미했다.

『잡아함경』 권15에 수록된 『전법륜경』의 내용은 대개 위에 서술한 바와 같다. 이에 상당하는 빠알리문이 『상응부경전』 5·420쪽 이하에 나오는데 똑같지는 않지만 위의 한역에 없는 문장이 더해져 있다.

경의 형식과 실례

우선 모두에 '출가자는 양극단을 피해야만 한다'고 서술하여, 쾌락생활과 고행생활이 그 양극단인데 이것을 버리고 '중도'에 의해 붓다는 깨달았다고 한다. 그리고는 '여덟 가지 부분으로 이루어진 성스런 길[팔정도]'이 중도라고 보여준다. 즉, 바른 견해 · 생각 · 언어 · 행위 · 생활 · 노력 · 사념 · 명상이다.

다음에 사성제의 각각에 대한 설명을 했는데 특히 도道에 대해서, 그리고 또다시 '팔정도'를 설하였다.

산스크리트문의 『마하바수트』 3 · 330쪽 이하의 문장도 대개 위의 빠알리문과 유사하며 한 개의 독립된 경전의 체재를 이루고 있다.

위와 같은 빠알리문이 『율장대품』 10쪽 이하에 있으며 산스크리트문은 『라리타 · 비스타라』 416쪽 이하에도 나온다. 한역으로는 『사분율』[대정장22 · 788], 『오분율』[동104], 『방광대장엄경』[대정장3 · 607中], 『과거현재인과경』[동644中], 『불본행집경』[동811上], 『중허마하제경』[동954上]에 유사한 문장이 있다. 그러나 이들 성전에서는 이 설법보다 이전에는 붓다의 성도, 명상, 선교에의 결의, 바라나시로 여행, 5명의 수행자와의 대면 등이 설해졌고 또 이 설법에 이어서 교단의 성립, 포교활동의 개시가 서술되어 있다. 즉 앞에서 들은 『전법륜경』과 내용은 동일하거나 유사해도 독립된 경전이 아니라 붓다의 전기 한 장절章節에 지나지 않는다.

전법륜경과 붓다전

이와 같이 보면 『전법륜경』으로 알려진 경전의 성립에 관해서 다음과 같은 문제점이 제기된다.

첫째, 이 문장은 처음부터 독립된 경전으로 제작된 것일까? 아니면 이미 성립된 붓다의 전기 가운데 한 구절이 독립해서 경전의 체제로 형성된 것일까?

둘째, 경문 가운데 '양극단[중도]'이나 '팔정도'를 포함한 것과 포함하지 않은 것, 어느 쪽이 먼저 성립된 것일까?

셋째, 경문 가운데 가장 단순하게 '사성제'만을 서술한 경전[한역] 『잡아함경』제380경을 가장 원초적으로 보아야만 할까?

일반론으로는 단순한 경전이 먼저 성립되고 나서 이에 새로운 요소가 보태어지고 차츰 복잡한 경전으로 성립되어 갔다고 추정하는 학자가 많다. 그러나 현재의 경우에는 그런 추정을 일괄로 긍정할 수 없다는 것이다.

한역 아함부 중에는 『전법륜경』의 이역[異譯]이 그 밖에도 두 종류나 현존한다. 하나는 후한의 안세고가 150년 경에 번역한 『전법륜경』, 두 번째는 당의 의정이 710년에 번역한 『삼전법륜경』이다. 이 중에서 전자는 '양극단[중도]'과 '팔정도'의 설명이 있으나 후자에는 없다. 한역 연대의 전후는 대부분의 경우에 원전의 신구[新舊] 층을 반영하는데, 만일 그 원리를 여기에 적용시키면 오래

된 경전에 있는 양극단^{兩極端}과 팔정도를 나중에 삭제했다고 말할 수밖에 없다. 그러나 앞에서도 서술했듯이 5세기 중엽에 구나바드라가 번역한 『잡아함경』에는 더욱더 간소하게, 단지 사성제만을 설한 짧은 경전도 있다. 이들의 자료를 어떻게 보아야만 할까?

생각하건대 같은 테마를 다루는 여러 장단의 경전은 처음부터 몇 가지 종류로 전해졌을 것이다. 그리고 간단한 경전은 배울 때에도 단지 그 문장만을 가르치는 것이 아니라 문장에는 기록되어 있지 않더라도 이해해야 하는 부분도 포함해서 가르쳤을 것이다. 예를 들면 사성제를 배우려면 그 경전의 문장에 기록되어 있든 있지 않든 팔정도를 가르쳐야만 한다. 또 경전에는 환경이나 청중에 대해서 기록되어 있지 않더라도 배우는 자는 당연히 알았을 것이다.

이처럼 같은 테마를 다룬 『전법륜경』에도 처음부터 몇 가지의 이본異本이 있었다고 이해된다.

『전법륜경』과 붓다의 전기에 대한 관계를 보면 다음과 같다고 말 할 수 있을 것이다. 즉 이 경전만을 떼어놓고 읽는 것도 그것이 긴 전기의 한 테마라는 것을 인정할 수 있다. 또 전기를 전승한 사람들도 이 한 테마가 독립된 경전을 이루고 있음을 알았을 것이다. 따라서 경과 전기의 둘 중 어느 쪽이 먼저 이루어졌다기보다는 오히려 상호 관련되어서 받아들여졌다고 보는 견해가 훨씬 타당하다. 『전법륜경』뿐만 아니라 다른 많은 경전도 이러한 점을 적용해야 할 것이다. 따라서 일찍이 일부의 학자들이 주장했듯이 '간단한 경전일수록 원초형태에 가깝다'고 한 가설은 반드시 올바르다고 볼 수 없다. 같은 테마의 이본이 병존하면서 존재하므로 이것에 비추어 보면 경전의 원초형태를 상정하는 것은 곤란할 것이다.

열반

붓다 석가모니의 생애 가운데 최후 몇 개월 동안 일어난 일을 기록한 것에 『열반경』이 있다. 산스크리트어 빠리니르바나$_{parinirvana}$, 빠알리어로는 빠리닙바나$_{parinibbana}$를 한자로는 반열반般涅槃 또는 반니원 등으로 음사한다. 원어인 '빠리'는 '완전'이라는 뜻으로 이것을 생략해서 '니르바나'라고 해서 같은 것을 가리키는 경우도 있다. 의미를 취해서 멸, 적, 적멸, 멸도 등으로 번역한다. 현상계의 속박에서 해방되어 절대자유를 이룬 경지를 말한다. 붓다가 되어 성도했을 때 이미 그 경지에 도달했지만, 육체는 여전히 존속하므로 붓다의 육체에 대한 죽음을 빠리니르바나, 즉 '완전한 적멸'이라고 불러서 구별한다. 이 사건을 기록한 경전의 이름도 『위대한, 완전한 적멸에 관한 경$^{Mahaparinirvana-sutra}$』이라고 부른다.*

* 같은 이름의 대승경전이 별도로 있어서 대장경 중에서 '열반부'를 형성, 중국의 열반종이 성전으로 하고 있다. 이것은 붓다가 입멸할 때 밝혀진 붓다의 불멸성과 모든 사람이 붓다가 될 자격을 갖추었다는 것을 설한 경전이다. 여기서 말하는 것은 그것과 다른 아함부에 속하는 열반경이다.

열반경

빠알리문의 『열반경Mahaparinibbana-suttanta』은 『장부경전』 중에서도 가장 큰 경전이다. 한역은 『장아함경』에 수록된 『유행경』 외에 세 종류의 이역異譯이 있다. 이것을 역출한 연대순으로 열거하면 다음과 같다.

1. 『불반니원경』: 백법조 역. 300년경.
2. 『반니원경』: 역자 불명. 4세기 무렵.
3. 『유행경』: 붓다야샤스와 축불념의 공역. 413년.
4. 『대반열반경』: 법현 역. 418년. 처음 부분이 빠졌다.

이 경전의 산스크리트어 원전이 중앙아시아에서 발견되어 출판되었다. E. Waldschmidt 한역 『근본설일체유부비나야잡사』티벳어역도 있다 중의 일절도 이에 상당한다.

붓다가 마가다국의 수도 라자가하 교외에 있는 독수리봉에 체재했을 때, 국왕인 아자따삿투가 대신을 보내 갠지스강 북쪽 기슭에 사는 밧지족을 공격할 것에 관하여 의견을 물었다. 붓다는 상대국이 붓다의 훈계를 지키면 그것을 정복할 수 없다고 대답했다.

이 이야기에 이어서 붓다는 교단을 향해 훈계를 설하였다. 붓다는 산에서 내려와 북쪽을 향해 갠지스강 남쪽 파탈리마을로 가서 마가가국의 대신들이 새로운 도시*를 건설하고 있음을 본다.

> * 나중에 마가다국의 수도가 되며 파날리푸트라로 오랫동안 번성했다. 근년 그 유적이 파트나 부근에서 발굴되었다.

여기서 강을 건너 베살리로 간다. 베살리는 마가다국에 대항한 도시국가로 옛날부터 붓다의 신자가 많았다. 재산이 있는 창부 암바빨리의 초대를 받은 뒤 붓다는 벨루가마까마을로 향한다. 그리고 혼자 우계雨季·우안거를 지낸다. 그 때 육체의 고통을 느끼고 이어서 입멸할 각오를 한다. 우계가 끝난 후 더욱더 북쪽을 향해 여행하다가 빠바마을에서 신자인 춘다의 초대를 받은 날 쿠시나가라로 떠난다. 도중에 피곤해서 강물로 얼굴과 발을 씻는다. 그 길에서 귀족 상인 뿟쿠사를 만난다. 이 사람은 붓다의 최후 재가신자가 된다. 마침내 쿠시나가라에 도착해서 그 교외의 사라나무 숲에서 두 그루의 나무 사이에 침상을 준비하고는 옆으로 누워 늙은 수행자 수밧다를 교화하여 최후의 제자로 삼는다. 그리고 제자들을 향하여 이렇게 말한다. '모든 현상은 변한다. 게으르지 말고 노력해라.' 그리고 입멸한다. 쿠시나가라의 재가신자들은 7일 동안 유해를 공양하고 제자들의 맏형인 마하깟사빠가 여행지에서 돌아오기를 기다려 화장한다. 유골은 여러 나라로 분배되었는데 10여 군데에서 그것을 모신 스투파塔를 세운다.

이상이 『열반경』 육본六本에 공통된 내용의 대략인데 붓다의 설법이 요소요소에 삽입되어 있다. 각각의 설법이 소위 독립된 짧은 경전의 형태를 취하고 있다. 사실 이들 가운데 별도의 독립된 경전으로 기록된 것도 있다. 결국 『열반경』은 붓다의 최후 수 개월간 이야기를 골자로 해서 여러 가지 짧은 경전을 엮은 것이다.

열반경의 이본

대체로 육본六本은 공통된 내용을 지니는데 세밀한 점에서는 차이가 있다. 한역의 첫 번째 번역과 두 번째 번역은 공통된 점이 많고 이 둘이 『열반경』의 오래된 형태를 지니고 있다. 이로부터 약 1세기 늦게 번역된 제3 번역과 제4 번역도 서로 유사점이 많다. 빠알리문은 대개 제3 번역에 가장 가까우며 한역의 어느 책에서도 볼 수 없는 새로운 부가 부분이 포함되어 있으므로 가장 새롭게 성립된 것으로 생각된다.

가령 빠알리 제본[81쪽 이하]에서는 날란다에 체재하는 붓다가 사리뿟따와 대화하는데 이 일단은 한역의 어떤 본에도 없고 원래 다른 경전[장부3 · 99~101]에 있던 것을 여기에 혼입시킨 것이다.

붓다의 최후 오찬에서 춘다가 바친 음식에 관하여 한역 3본에는 특별한 헌립의 기록이 없다. 제3 번역에서는 '전단수이[栴檀樹耳 · 버섯]'라고 기록하였고 빠알리어본에서도 '수까라 · 맛다바'라 해서 이것이 직접 죽음의 원인인 듯한 인상을 준다. 붓다는 이것을 자기 혼자만 먹고 제자들에게는 먹지 못하게 했고 나머지는 땅속에 묻도록 명령했다. 식후 곧이어 심한 설사를 해서 이튿날 입멸하셨다고 한다. 이 수까라 · 맛다바가 돼지고기 요리인지 아니면 제3의 한역에 있듯이 버섯의 일종인지 학자에 따라 의견이 다르다. 그러나 본인은 다음과 같이 해석하였다.

최고의 한역에서 보여 주듯이 오래 된 전승에 의하면 붓다는 평소의 식사를 취하시고 이튿날 입멸하셨다. 아마도 이것이 가장 사실[史實]에 가까울 것이다. 그러나 전기 작자는 훗날 '최후의 오찬'에는 특수한 헌립이 있어야만 한다고 생각했다. 수까라 · 맛다바 또는 한역에서 말한 '전단수이'는 아마도 진귀한 음식물로 전기작자도 실물을 몰랐을 것이다. 신비한 상징이리라. 그러나 빠알리문 경전의 편집자는 이것을 '합리적'으로 설명하려고 바로 이것이 붓다의 죽음에 있어 직접 원인이었으리라고 해석했다.

쿠시나가라로 향하는 도중에서 붓다는 통증을 느끼고 물을 찾았다. 시자인 아난다가 물을 뜨러 갔을 때, 오백의 수레가 강을 건넌 직후여서 물이 탁했다. 세수를 하고 발을 씻은 후 마실 물은 다음 강에 도착할 때까지 기다리려고 했다.

옛 한역 두 본에 의하면 이상과 같지만, 제3 번역에 의하면 설산히말라야에서 귀신들이 음료수를 길어왔다고 하고, 제4 번역에서는 붓다의 신통력에 의해 순식간에 강물이 맑아졌다고 한다. 또 빠알리문에서는 강물이 맑아진 기적을 보고 아난다가 감탄하는 한 구절을 첨가시켜 놓았다.

이것을 보면 텍스트의 변화성장의 흔적을 역력히 볼 수 있다.

다음에 뿟쿠사의 입신에 대한 기록도 여러 본에 따라 차이가 있다.

옛 한역 두 본에 의하면 신자가 된 뿟쿠사는 황금으로 된 직물을 붓다에게 헌상하니 붓다의 안색이 금색으로 빛난다. 그리고 그것은 입멸의 징조임을 설명한다. 제3, 제4의 한역과 빠알리문에 의하면 황금의 직물은 붓다 외에 아난다에게도 헌상된다. 또 한역의 제4 번역에서는 뿟쿠사는 그 때 출가해서 붓다의 제자가 되어 곧바로 성자의 경지에 도달한다.

이 뿟쿠사의 삽화에도 여러 이본異本이 병존하며 또한 시대와 함께 변화한 흔적을 읽을 수 있다.

마하수닷사나왕

쿠시나가라의 교외에 있는 사라나무 아래에서 최후의 자리에 든 붓다를 향해 시자인 아난다는 이렇게 외친다.

"이 쓸쓸한 변경은 입멸의 땅으로 어울리지 않습니다."

붓다는 이에 대해서 다음과 같이 말하면서 번성했을 때의 이야기를 들려준다.

"이 땅은 옛날에 마하수닷사나大善見, 大善現, 大先賢, 大快見라는 국왕의 수도였다."

이 일단은 한역의 네 본이 모두 상세히 서술하고 있는데 빠알리어본은 이 일단의 최초 일절을 기록한 것에 그치고 나머지는 별도로 『장부경전』 제17경으로 독립된 경전의 내용을 취하고 있다. 한역 『중아함경』 제68경 「대선견왕」도 같은 내용인데, '지금은 붓다의 최후 생애를 같은 땅에서 막을 내렸다.'고 하였다.

이 예에서도 옛날 국왕의 이야기는 처음부터 모든 책에 있었던 것으로 빠알리문 『열반경』이 생략했다고 보여진다.

또한 이 마하수닷사나왕이 살던 호화스런 수도를 이야기하는 가로수, 연못, 계단, 꽃 등의 묘사는 나중에 미륵마이트레야이나 아미타아미타파 등 불국토에서 이용된 것과 동일기원이다.

유골의 분배

최후로 붓다의 유골 분배에 대한 기사도 책에 따라 다르다. 한역의 제1본은 '변경의 8개국'에서 쿠시나가라국에 유골의 요구가 있었고 도나^{Dona}라는 브라만의 권고에 따라 팔분八分하였다고 했을 뿐 8개국에 대한 명칭은 들고 있지 않다. 제2 번역과 제3 번역은 6개국의 이름을 들고 있다. 마지막으로 '마가다국의 아자따샷투왕'의 이름을 가장 먼저 들고 그의 요구를 서술하고 그 다음에는 7개국의 왕과 베살리의 릿차비족이 이어진다. 빠알리 문에 의하면 마가다국 아자따샷투왕, 베살리의 릿차비족, 까빌라밧투의 사끼야釋迦족 이하 합계 7개국 순으로 들었다.

이것을 보면, 마가다국 아자따샷투왕의 비중이 점차 첨가되었음을 알 수 있다. 이것은 다음 문제에서도 관계한다.

쿠시나가라의 편집회의

한역 『열반경』의 제1 번역과 제2 번역에 의하면 붓다의 화장 후, 90일이 지나자 쿠시나가라에 남아있는 상수제자인 마하깟사빠 등의 제안에 의해 아난다를 높은 자리에 앉혀 붓다의 설법을 복창하게 한다. 그것이 4아함*이다. 마하깟사빠는 40명의 성자를 선발해서 아난다에게 '4아함'을 배우게 했다.

* 제2 번역은 '4아함'의 이름을 『중아함』, 『장아함』, 『증일아함』, 『잡아함』이라고 명기하고 또 '12부경'을 기록하고 있다. 제1 번역에는 이들에 대해서 언급하지 않고 '4아함' 외에 수행승 2백 50계, 수행니의 5백계, 재가신자 남성의 5계, 여성의 10계가 이 때 기록되었다고 한다.

그런데 제3 번역도 빠알리문 『열반경』에서는 쿠시나가라에서 성전의 편집이 행해진 것에 관해 한마디 언급도 없다. 제4 한역에서는 다음과 같이 기록했을 뿐이다.

그 후, 깟사빠가 아난다와 다른 수행승들과 함께 라자가하에서 '삼장'을 결집했다.

이들의 여러 본에서 본 다른 점과 같은 점을 어떻게 해석해야 될까? 여러 본들이 성립된 연대를 보면 붓다의 입멸 직후, 쿠시나가라에서 성전편집을 행했다는 설이 오래 전부터 있었음에 틀림없다. 그러나 앞서도 서술했듯이 붓다의 입멸 후 이듬해 우계雨季에 마가다국의 수도인 라자가하 교외에서 최초의 성전 편집회의가 소집되고, 마하깟사빠의 주최로 5백 명의 성자가 모여서 우빨리가 율을, 아난다가 경을 송출했다는 설이 불교의 여러 파에서 공통으로 널리 알려졌다. 빠알리문 성전의 『율장소품』에도 그

경의 형식과 실례 *143*

경과를 자세히 기록하고 있다.

  그렇다면 쿠시나가라 편집회의설을 기록한 『열반경』이 적어도 일부에서는 행해졌음에 틀림없다. 그리고 나중에 마가다국의 라자가하게 불교도들의 세력이 우세해짐에 따라 쿠시나가라설이 옅어졌을 것이다. 앞에서도 서술한 붓다 유골의 분배에서 아자따삿투왕의 역할이 책에 따라 다른 것도 혹은 이런 문제와 관련되었을 것이다. 역사적으로 보아도 불교의 활동 중심은 점차 마가다국으로 이전해 갔을 것이다.

  『열반경』의 옛 문헌인 한역의 기록이 역사에 충실하다고 주장하고 싶지는 않다. 4아함이나 12부경12분경 등이 그 당시 편집되었다고는 상상되지 않기 때문이다. '쿠시나가라에서 40명의 성자가 아난다로부터 성전을 배웠다'는 기사와 '라자가하 교외에서 5백 명의 성자가 모여 우빨리로부터 율을, 아난다로부터 경을 들었다'는 기사가 어느 시기까지는 병존하며 나중에 하나로 통일되었다고 추정할 수 있다. 제4의 한역의 마지막에 있는 라자가하설은 어쩌면 역자인 법현이 다른 자료를 의거해서 가필했을지도 모른다.

  또한 『열반경』의 오래 된 두 한역본 마지막 부분에는 미래의 출현을 약속하는 마이트레야미륵 붓다에 관한 기사가 있다. 그러나 뒤의 두 번역과 빠알리문에는 이에 관해서 전혀 언급하고 있지 않다. 옛 시대에는 있었으나 후에 생략했는지, 아니면 처음부터 마이트레야에 관한 일을 기록한 본과 기재하지 않은 본이 병행했는지, 둘 중의 하나다.

부파와 경

이상에서 고찰한 경은 대체로 모든 불교도들에게 공통의 관심거리다. 그러나 불교도에게 공통되는 성전의 편성은 존재하지 않는다. 현존하는 것 중에서 가장 잘 이루어진 것은 동남아시아에 전하는 빠알리문의 경전으로 이것은 '분별설부'라고 하는 한 파의 율, 경, 논이다. 이 밖에도 20여 부파가 일찍이 존재했었는데 이만큼 잘 이루어진 성전은 아직 남아있지 않다. 한역대장경 중에 율부에는 부파의 율이 수록되어 있다. 경은 아함부에 있는데 이것은 다른 파의 전승을 모은 것이다. 빠알리문 경의 한 부분, 특히 붓다의 전기와 그 밖의 설화에 관한 것 그리고 아함부에 수록되어 있지 않은 약간의 경예를 들면 『법구경』류은 대체로 한역의 '본연부'에 들어 있다.

20여 부파 다음에 '분별설부'에 가까운 보수파의 한 파인 '설일체유부'간략히 유부가 있는데, 한역에서는 율부律部와 비담부論을 중시한 파의 중요 성전이 남아 있다. 이들은 경을 특히 중요시하지 않았다. 유부를 비판한 '경량부'간략히 經部는 '유부'가 '논'에 편중한 것에 비해서, 경의 중요성을 강조함으로써 그 명칭이 주어졌는데 여기서 전하는 경은 전해지지 않는다. 논서 등의 인용에 따라 단편적인 것이 알려져 있을 뿐이다.

이상은 모두 보수계통에서 볼 수 있는데, 이들과 대립적인 혁신파인 '대중부'에 관해서는 자료가 넉넉하지 못하다. 한역『증일아함경』이 대중부의 소전이 아닌가 하는 설加藤精神에는 이유가 있을 것이다. 이 경의 서문에 있는 게송에서 경, 율, 아비담경論 외에 '대등대승의⋯잡장'이 있다는 것은 다른 아함에서는 볼 수 없는 점이다. 또한 이『증일아함경』권44의 제3경대정장2・787下 이하은 미래의 미륵불 강림을 서술한 것으로 대승경전에 속하는『미륵하생경』대정장14・421 이하과 완전히 같은 문장이다. 그 밖에 '대중부'적이거나 대승불교적인 요소가 인정되는 부분이 있다. 한역『마하승기율』은 그 명칭 마하상기까Mahasamghika에서 보아도 분명히 대중부에 속한다.

이 대중부가 어떤 의미를 띠고 대승불교와 관계가 있다는 것은 과거 많은 학자들에 의해 지적되고 연구되어 왔다. 이 점에 대해서는 앞으로도 많은 문제가 있지만 여기서는 생략하고 이제는 현존 대승불교의 경전에 대해서 서술하기로 하자.

제 2부

4_대승경전의 성격

대승경전

지금까지 소개한 경전은 대체로 모든 파에서 공통하는 것이다. 그러나 경전의 전승에 따라 어떤 파에서는 승인하지만 다른 파에서는 경으로 인정하지 않는 것도 있다. 부파 사이에서도 그러한 점이 발생하는데 특히 심한 것은 대승과 소승의 구별이다.

대승, 즉 마하야나Mahayana는 '위대한 탈 것'이라는 뜻으로 이상을 달성하기 위한 수단이 훌륭함을 나타낸다. 수단이란 교설과 거기에 의거한 실천을 말한다. 대승과 대립하는 것이 소승 – 히나야나Hinayan, 즉 '초라한 탈 것'이라고 불린다. 이것은 대승 쪽에서 본 명칭으로 스스로 그렇게 붙인 이름이 아니다. 중국이나 한국, 일본에서는 처음부터 대승을 믿는 경향이 강했으므로 대승과 소승이라는 명칭은 친근하다. 그러나 학문적인 입장에서 보면 소승 대신에 '부파불교'나 혹은 부파의 명칭을 따라서 '분별설부세일론 등의 불교' 등으로 부르는 것이 타당하다.

부파 중에서도 상좌부와 대중부는 사고방식도 다르고 성전도 다른 것을 지니고 있었다. 대승에 의하면 성전의 형태가 완전히 다르다. 앞에서도 말했듯이 대승부 계통으로 보여지는 『증일아함경』 가운데 대승경전을 포함하고 있는 경우도 있으나 이것은 예외이다. 대승경전에는 일반적으로 명확한 특징이 있다. 또한 대승불교를 받드는 사람들이 어떤 의도로 부파경전을 인용하는 경우는 있어도 부파불교도들이 대승경전을 인용한 적은 없다.

대승경전이라고 해도 그 속에는 여러 가지 계통의 구별이 있다. 『대정신수대장경』을 보면 제5권에서 제21권까지 17권이 대승경전인데, 이것을 반야·법화·화엄·보적·열반·대집·경집·밀교의 여덟 부류로 나눈다. 이 중에서 '경집'에는 다른 부류의 어디에도 속하지 않는 경전을 수록하여 단일하지 않으며 다른 부류, 즉 '보적寶積' 가운데는 여러 가지 종류가 들어 있기도 하다. 따라서 이 여덟 부류로 나누는 방식은 편의상 그렇게 한 것에 지나지 않다.

대승경전의 대표적인 것으로 『반야경』, 『화엄경』, 『유마경』, 『승만경』을 택하여 해설하고 이어서 동아시아 불교에서 중요한 위치를 차지하는 『법화경』과 『정토삼부경』을 고찰하겠다. 마지막으로는 '밀교'의 부류를 일별하기로 하자.

명상冥想의 세계

　대승경전은 여러 환경에서 성립하고 발달했는데 그 전체 내지 부분에서 공통된 특성을 생각해 보기로 하자.
　대승 이외의 경전 – 편의상, 소승경전이라 부르자 – 은 대체로 출가교단을 위해서 설해진 것인데 일단 현실의 묘사를 표방하였고 상식 세계에서 그다지 벗어나지는 않았다. 교의는 교훈적이며 실제적이다. 신비나 기적의 요소가 없지는 않으나 대체로 일상 경험의 장으로 통일되고 있다. 명상선정·삼매을 설하지만 영적체험의 내용은 거의 없다.
　대승경전은 각양각색의 청중을 예상하고 있는데 그 근본적인 특질은 명상의 체험을 묘사한 것이다. 일상경험을 초월한 세계의 체험을 생생하고 구체적인 형상으로 표현한다. 가령 일좌一座의 지도자인 붓다가 명상에 들어가자 그 명상 중의 체험 – 시방의 무수한 세계에 있는 무수한 붓다나 보살이나 그 밖의 살아있는 것들의 행동과 언어 등 – 을 참석한 자 모두가 구체적인 형상으로 파악한다. 거기에는 거리나 시간 등 다른 제약은 전혀 존재하지 않는다. 따라서 명상 중의 붓다가 한 마디 하지 않아도 청중은 여러 가르침을 받게 된다. 명상에서 깨어난 붓다와 청중의 문답은 단지 보충적인 의미일 뿐이다.
　그러므로 준비 없는 독자가 대승경전을 읽으면 허무맹랑한 스토리가 적혀 있다고 생각할지도 모른다. 그리고 신자가 읽으면 이유도 없이 무조건 고맙다고 느낄 뿐이다. 그 어느 쪽도 올바르지 않다. 이에 반해서 대승경전이 '일상경험과는 다른 특별한 명상 대상의 구체적인 묘사'라고 생각하면 여기서 해석의 열쇠를 발견할 수 있게 된다.

소승경전은 교의를 설명하고 해설하므로 이성적으로 이해할 수 있다. 이러한 경향을 추진하면 아비달마abhidharma가 된다. 아비달마란 '다르마' 즉 교의에 관한 해설이며 이것은 동시에 존재론이기도 하다. 아비달마는 소승의 여러 파의 교과서로 편집된 소위 논을 구성하는데, 실제로 여러 파의 경전이 바로 처음부터 아비달마적으로 편집된 것이다.

대승경전은 본래 아비달마적·해설적이라기보다도 오히려 명상적·직관적이다. 이러한 근본적 특질을 염두에 두고 나아가면 다음의 세 가지 점을 지적할 수 있다.

해탈의 문제

불교도는 모두 생사윤회에서 해탈하여 절대자유의 경지에 도달하는 것을 이상으로 한다. 소승불교에서는 그 이상상을 성자아르하트·아라한라고 부른다. 성자는 모든 속박에서 해방되기는 하나 붓다와 동등하지는 않다. 그 밖에 먼 과거세에 출현한 전설적인 과거 6불과 미래세에 출현을 약속한 마이트레야^미륵를 빼놓고는 소승불교에서 붓다라고 불리는 자는 석가모니 단 한 분뿐이다. 그 밖의 나머지는 붓다가 될 가능성이 없다고 한다. 그러나 이와 같이 정해진 것은 교단조직이 고정되고 난 이후의 일이며 한층 더 과거로 올라간 기록을 보면 붓다의 설법을 듣고 깨달음을 얻은 자의 심경과 붓다의 심경 사이에는 어떤 구별도 없다. 오히려 누구라도 해탈해서 붓다가 될 가능성을 지닌 대승의 사고방식이 본래 불교였을 것이다.*

* 빠알리문 「숫타니파타」 중에도 특히 아름다운 시구 가운데 '성자들'이라는 곳에서 '붓다들'이라고 기록한 곳이 다섯 군데 있다. 게 81, 85, 86, 386, 523. 이것은 나의 추정을 뒷받침해준다.

보살의 문제

대승경전에서는 누구라도 붓다가 될 수 있다는 것을 전제로 한다. 다시 말하면 누구라도 '붓다의 후보자' 즉 보살이다. 보살이란 말도 소승경전에서는 석가모니 붓다의 성도 이전을 가리키는 이외에는 이용되지 않았으나 대승경전이 되면 보살의 이름이 열거되고 그 수는 무한하게 증가한다. 뿐만 아니라 어떤 의미로는 모든 인간은 예외 없이 보살이라고 말할 수 있다는 것이다.

즉 우리는 누구라도 붓다가 될 가능성, 훗날 술어로 말하면 '불성佛性' 혹은 '여래장'을 갖추고 있다. 우리의 정신은 본래 청정하며心本淸淨 그것이 오염된 것으로 보이는 것은 우연성객진번뇌에 지나지 않다. 이것을 자각하여 스스로 붓다의 길을 향할 때에 사람은 보리심깨달음을 구하는 마음을 일으킨다고 하며, 그 실천을 보살행이라고 한다.

보살행은 흔히 6종의 파라미타바라밀다 또는 바라밀로서 제시되고 있다. 보시 · 지계 · 인욕 · 정진 · 선정 · 지혜의 여섯 가지이다. 파라미타는 '완성하는 것', '완성을 위한 실천' 또는 '피안에 도달하는 것' 등으로 설명되는데 이 가운데 처음의 셋은 세속적인 윤리도덕과 일치하며 여섯째는 종교적인 예지이다. 한역자는 이 예지의 중요성을 강조하기 위해서 원어 프라즈냐 - 파라미타prajna - paramita를 일부러 번역하지 않고 음사해서 '반야바라밀다'로 표기해 왔다. 이것은 세속적인 지식과는 구별된다. 여섯 파라미타 중 넷째와 다섯째는 각각 노력과 명상을 뜻하며 세간과 출세간 모두에 공통한다. 종교적 예지가 모든 실천의 근거이며, 궁극이라는 것이 특히 강조된다. 이것을 반복하여 설한 것이 방대한 『대반야바라밀다경』 6백권이다. 그러나 파라미타는 자기희생을 내포한 보시를 전제로 하므로 보살행은 타인을 위한 봉사 - 자기 한 사람의 해탈을 희생하더라도 - 를 요구한다. 자기의 이익보다도 타인의 이익이 선행되어야만 한다. 이 점에서는 초세간적인 해탈만을 추구하는 소승불교와는 구별된다.

대승의 사상

모든 불교도는 어떤 의미로는 이상을 추구한다. 그 이상 상태를 해탈, 나르바나^{열반} 또는 법계^{法界} 등으로 부른다. 소승 불교도들은 현실계를 분석하고^{오온·12처·18계} 거기에는 집착할 '아^我'가 실재하지 않는다는 것을 실감함으로써 이상계의 체득을 믿었다. 소위 허무 속에서 이상계를 발견했다. 그러나 대승교도들은 그것과는 반대로 현실계야말로 사실은 허무하다고 관찰했고 현실계는 단순한 현상^假이어서 진정으로 실재하지 않는다고 보았다. 그것을 유^有로 보는 것도, 무^無로 보는 것도 잘못이다. 유와 무를 떠난 곳^{중도}에 진실이 있다. 이상계는 절대자여서 모든 사고와 언어를 초월하므로 절대의 진실이다. 그러나 이상계야말로 전부이기 때문에 이상계를 떠나 별도로 현실계가 존재하는 것은 아니다. 반대로 말하면 현실을 떠나서 이상은 존재하지 않는다. 다만 이 경우에 현실이란 많은 사람들이 반성 없이 받아들이는 현실^{이상계에서 보면 착각}이 아니라 위에서 서술한 공·가·중도라는 비판을 통해서 비로소 개시된 진정한 현실이다. 그리하여 현실즉이상^{現實卽理想}이라는 이 대승사상은 대중과 더불어 있으면서 거기에서 이상을 발견하는 보살의 이념 - 자리이타원만^{自利利他圓滿} - 과 일치한다.

이상과 현실

이상에서 현실의 의의를 밝혀보니 대승에서도 아비달마적인 존재 형태의 연구가 개시된다. 소승에서는 분석적인 고찰에 중점을 두고, 대승에서는 같은 분석적 고찰이 항상 절대자^{진여·법성·법신·제법실상}와 관계에서 행해졌다는 차이가 있는데 아비달마적^{스콜라적이라고 말할 수 있다}인 점에서는 같다. 그렇기 때문에 대승의 번쇄철학이 전개된다.

붓다론

소승불교에서의 붓다는 도^道의 해명자였다. 스스로 해탈의 길을 발견하고 성자의 경지에 도달, 붓다가 되어 도를 설하며 제자들을 지도한 후 입멸했다. 붓다는 생사윤회를 해탈하였으므로 영원히 사라져서 완전한 허무로 돌아갔다. 소승의 교도들은 이와 같이 설명한다. 이론으로는 그것이 이치에 맞는다. 그러나 이것만으로 모든 제자나 신도들이 납득할 수 있을까?

이미 서술했듯이 붓다는 많은 사람들의 스승일 뿐만 아니라 숭배의 대상이며 예배의 목표가 되었다. 인도의 종교 사정에서 보면 아주 자연스러우며 많은 불교 미술작품도 그것을 보여주고 있다. 붓다의 유골을 숭배하는 스투파 예배공양도 또한 마찬가지다.

부파불교에서도 대중부 등은 '붓다는 육체도, 위력도, 수명도, 무한하다'고 설하고, 붓다는 초세속적인 존재라고 생각한다. 이것 또한 오래 전 과거부터 있어왔던 사고일 것이다. 이를 한층 더 분명하게 서술한 것이 '변화신變化身'이라는 설이다. 이 설에 의하면 붓다의 본체는 언제나 변하지 않고 천상계에 머물며 그 그림자*변화신가 지상에 출현하고 변화한 현상을 보여준다.

> * 기독교에서도 처음 3세기 사이에 '크리스트 가현설(假現說 docetae, docetism)'을 주창하기도 했는데 이단설로 억압되었다. 이 가현설이 구노시스(gnosis 영적 직관)의 설과 관계되어 출현한 것은 불교에서 붓다관과 반야사상의 관계와 공통되는 점이 있다.

변화신 또는 응신應身이라고 한다. 이에 대해서 붓다의 본체는 절대자이므로 영원불변한 '법신이념. 로고스'으로 불리는 진여 · 법성 · 제법실상 등과 동의어다. 더구나 신앙하는 자에게 있어 붓다는 무한한 영광에 감싸인 모습을 보여준다. 이것을 '수용신受用身' 또는 '보신報身'이라고 한다. 보살로서 수행 중에 쌓은 복덕의 결과응보로서 영광을 향유수용하기 때문이다. 스투파를 세워서 예배 공양하고 붓다의 자취를 참배하며 붓다의 가호를 기원하는 신자들의 염원에 있는 것은 바로 이 수용신이다.

법신은 본래 모든 사고와 언어를 초월해서 있지만 그것은 또 바이로차나^{Vairocana} $^{비로자나불, 대일여래}$ 등의 이름으로 불리며 지혜를 자량資糧으로 한다고 일컬어진다. 수용신이 복덕을 자량으로 하는 것과 같다. 다만 법신에는 '이루어진다'는 개념이 적용되지 않으므로 '붓다가 된다^{성불}'는 말은 원래 '붓다이다'라는 것이다. 모두가 지혜와 복덕은 붓다로 하여금 붓다이게 하는 것이므로 보리^{깨달음}의 자량이라 한다.

대승경전은 이처럼 명상을 전제로 하며 해탈 · 보살 · 이상계 · 현실계 · 붓다 등에 대해서 독자적인 견해를 전개했음을 볼 수 있다.

대승경전의 형태

'이와 같이 나는 들었다^{여시아문}'로 시작하여 다음에 그 때 붓다의 체재 장소를 들고 있는 데까지는 대승경전도 다른 경전과 변함없으나 소위 소승경전에서는 원칙으로 지상의 장소, 남쪽의 마가다국부터 북으로는 사밧티에 이르기까지 대체로 붓다 석가모니가 실제로 체재하였다고 상정되는 지명을 든다. 대승경전에서도 같은 지명이 자주 등장하지만 일반적으로 그 범위는 현저히 확대되어 천상계의 각양각색의 명칭도 들고 있다.

다음에 청중의 이름이 열거된다. 대개는 붓다의 제자들성문, 말씀의 제자에 이어서 보살들, 신, 반신半神, 괴물 등도 자리에 함께 한다. 붓다의 제자들은 경전에 의하면 교체가 별로 없다. 보살은 대승경전의 주역으로 종류도 많다. 제자들의 무리비구중와 보살들의 그룹보살중이 협력하는 경우도 있고 의견이 대립할 때도 있다.

기적희유, 미증유이 얼마나 많은지 엄청난 숫자코티koti, 나유타nayuta 또는 갠지스 강의 모래 수의 몇배 등를 이용하는 경우도 자주 보인다. 문외한을 가장 괴롭히는 것은 동일하거나 유사한 문구를 때로는 긴 장문으로 반복하는 것인데 이러한 종류는 빠알리문 경전에서도 두드러지나 대승경전 특히 『반야경』 등에서는 한층 빈번해진다. 그러나 경전이란 단순한 기술이 아니라 설득 내지는 명상의 준비라고 한다면 같은 문구를 반복하는 의도가 분명해지는 것이다. 단순한 이해가 아니라 인상을 더욱 부여하는 것이다. 소위 몸체에 리듬을 남기는 효과를 예상하기 때문이다. 동아시아에서 발달한 염불이나 다이목쿠題目이라고 해서 일본의 日蓮宗에서 나무묘법연화경의 일곱 자를 외는 것도 그러한 류이다. 인도교에서는 현재에도 같은 일이 행해지고 있으며 라벨이 작곡한 볼레로의 효과도 이와 유사한 것이다.

대승경전은 거의 같은 내용을 처음에 산문으로 서술하고 다음에 시로 반복해 놓았다. 시가 먼저 성립하고 즉흥적으로 산문을 삽입해서 설명하는 사이에 산문의 부수도 또한 본문으로 고정된 경우도 있다. 그 반대로 먼저 산문이 성립되고 난 다음에 이어서 시를 지은 것도 있다.

대승경전의 여러 가지

 같은 대승경전이라 해도 내용은 여러 가지이다. 사상적으로 모순되는 경우도 있다. 기원이 다른 것은 말할 나위도 없다.
 이미 지적했듯이 대승경전 중에도 어떤 것은 소승경전과 같이 과거로 한참 거슬러 올라간 사상의 내용을 지닌다. 단지 소승 부파의 사람들은 교단의 권위를 수립하기 위해서 일찍부터 성전의 확립에 노력했으나 대승인들은 이런 점에 있어 보다 자유로운 사고를 지녔다. 자료로는 오래 되었으나 실제로 성전의 형태를 취한 것은 굉장히 늦어진다. 그러나 한역된 연대 등을 고찰해 보면 중요한 대승경전의 성립과 스리랑카에서 빠알리성전을 최종적으로 편집한 것은 대체로 같은 시기임을 알 수 있다.
 대승사상이라고 해도 단일하지 않다.
 첫째, 현존 경전의 내용에서 반야계, 화엄계, 기타로 구별할 수 있다. 반야계의 성전 중에서 중요한 것은 아마 화엄과 그 밖의 경전보다 먼저 성립되었을 것이다. 반야계에 속하는 것 가운데에는 후대에 속하는 것도 있다.
 둘째, 성립이나 전승의 지방을 구별할 수도 있다. 각각의 경전 서두에 기록된 지명은 반드시 사실에 상응하지는 않지만 예컨대

『유마경』이 베살리,『승만경』이 아요댜와 관계가 있다고 추정할 수 있는 이유가 있다.『반야경』의 주요 부분이 인도 남부에서 성립되었음도 많은 학자들에 의해 추론되었다.『법화경』이 원래 특수한 그룹의 성전이며『아미타경』이 인도 문화권의 서쪽 변경에서 만들어졌음을 상상할 수도 있다.

셋째, 주의해야 할 것은 같은 대승경전 중에서도 고급의 사변 전개에서 단순한 신앙에 이르기까지 다양한 층을 포함한다는 것이다. 대승불교도 중에는 브라만 출신의 철학자로부터 교양이 저급한 서민까지를 총망라하고 있으므로 논리나 설명방법 또는 비유를 취하는 방법에서도 고도의 극단적인 방법에서 소박한 내용에 이르기까지 갖가지 상을 보여주고 있다. 대승경전은 전부 고상한 것이라고 생각하는 것은 착각이다. 그렇다고 한 두 경전을 읽어보고 시시껄렁하다고 단정하는 것도 올바르지는 않다.

대승경전을 읽고 정직하고 솔직하게 인상을 말한다면 '시시하다', '지루하다', '장황하다' 때로는 '어이없다'고 느껴지는 것이 사실이다. 이것은 많은 종교성전에 공통된 점이다. 그러나 성전을 근거로 해서 지어진 논서는 철학서, 사상서로 읽어도 원래의 성전 이상으로 배울 것이 많다. 종교적 입장에서 보아도 그것은 우리의 신앙심이 부족하기 때문이리라. 그렇지만 실제로 크리스트의 언어를 기록한 복음서보다도 오히려 바울의 서간이 훨씬 이해하기 쉽고 아우구스티누스나 토마스, 마이스터·엑크하르

트, 르텔 혹은 현대 신학자들의 저술이 훨씬 친근하다. 사실 신앙심이 부족한 우리는 이러한 인간적인 해설이나 역사를 통해야 비로소 신의 말씀을 이해하는 것이다. 대승경전에 관해서도 이와 같다고 할 수 있다. 우리는 인도나 중국의 불교 철학자들이 해석한 그 눈을 통해서 대승경전을 읽고 있는 것이다.

대승의 철학자들

중국은 잠시 접어두고 인도의 철학자들을 먼저 보기로 하겠다. 대승철학의 개조는 기원후 1세기 후반에서 2세기 전반의 남인도 출신인 나가르쥬나Nagarjuna·용수라고 한다. 그의 저서 대부분이 확실한 것은 『중관론中論』이라고 불리는 것과 같은 경향이다. 그는 『반야경』에 의거해서 공과 연기를 해명했다. 그의 사상은 나중에 중관파라는 한 파에 의해 계승되고 5세기 전반부터 6백 년 무렵까지 붓다팔리타Buddhapalita·불호, 바바비베카Bhavaviveka·청변, 찬드라키르티Candrakirti·월칭 등에 의해 대성되었다.

4세기 전반, 나가르쥬나를 계승한 아상가Asanga·무착와 바수반두Vasubandhu·세친 형제는 『반야경』, 『화엄경』, 『승만경』 등에 의거해서 유식파를 세웠다. 이 파는 특히 명상을 중요시하는 점에서 별명을 요가챠라Yogacara·유가사파, 요가 즉 명상을 하는 사람들라고도 한다. 이 파에서는 스티라마티Sthiramati·안혜, 다르마팔라Dharmapalai·호법 등의 심리학자와 디그나가Dignaga·진나, 다르마키르티Dharmakirti·법칭 등의 논리학자가 7세기 무렵까지 배출되었다. 그 후 수 세기에 걸쳐 중관파, 유식파 모두 학자를 배출했다.

우리는 일반적으로 이들 불교 철학자의 해석에 의해 대승경전의 사상을 이해하는데 그들은 항상 경전을 절대적 권위로 인용한다. 그들의 사상체계는 확실히 훌륭한 것이다. 그런데 내용이 단순하고 문장이 장황한 경전에 대한 그들의 절대신뢰는 때로는 우리의 이해를 뛰어넘는다. 종교문학이란 아마도 그러한 것일지도 모른다.

요의와 불요의

그러나 불교 철학자들이 반드시 경전의 권위에 맹종할 수 없었으므로 경전 안에서도 '뜻을 자세히 설한 것요의'과 '뜻을 다 보여 주지 않은 것불요의'의 구별이 있음을 인정했다. 이 구별은 빠알리문 성전*에도 나오며 부파불교**에서도 문제가 된다.

* 『증지부』 1·60. Netti-pakarana 21
** 부파 가운데 보수적인 설일체유부가 '뜻을 다하지 않은 경전'이 있음을 인정, 진보적인 대승부가 이것에 반대한다. 유부로서는 경전의 문장을 거역하더라도 스콜라철학을 수립할 필요가 있었기

때문이다. 그러나 대승 철학자들이 사상체계를 세우는 단계가 되자 입장이 바뀌어 보수파의 성전(聖典)을 회피하게 된 것이다.

대승의 철학자들은 이에 따라서 '뜻을 다하지 않은' 경전, 즉 소승경전에는 속박당하지 않을 것을 분명히 말했다.

대승인들이 이용한 또 하나의 노래는 '붓다는 한 마디에 의해 모든 것을 설하였다'는 대중부 이래의 주장이다. 이것에 따르면 붓다의 말은 몇 가지 방법으로도 해석할 수 있으므로 같은 경전의 문장이라도 소승, 대승 각각의 입장으로 이해할 수 있다. 『유마경』 제1장에서는 "부처는 일음一音으로 법을 설하신다. 중생은 각각 다 알아 듣는다."*고 말한다.

* 이 유명한 문장은 『화엄경』 제1장의 '一音演說悉無餘 … 衆生隨類悉得解'의 유래일 것이다.

이처럼 대승 철학자들이 경전을 근거로 하면서도 그 해석에 고심한 것은 크리스트교의 신학자들과 성서의 관계와 같다. 불교의 경우는 크리스트교의 그것과는 비교가 되지 않을 정도로 많은 경전이 존재하며 철학자들이 활약한 시기에도 계속하여 새로운 경전이 만들어졌으므로 문제는 한층 복잡했다. 더구나 경전의 제작자는 언제나 신비한 저쪽 편에 있어서 철학자들과는 분명히 별개의 존재였다.

5_ 반야경

대반야경

　대승경전 중에서 가장 분량이 많은 것은 『반야경』으로, 한역은 『대정신수대장경』 제5권에서 제8권에 이르는 4권을 차지하는데 이들 중 3권이 현장이 번역한 『대반야바라밀경』약칭『대반야』 6백권이다. 남은 1권에는 다른 번역자에 의한 여러 『반야경』이 수록되어 있다. 현장은 660년 정월부터 663년 10월까지 『대반야』의 번역을 완성하고 664년 2월 5일에 입멸했다.

　현장 번역의 『대반야』는 16부 경전의 집성이며 각각의 부는 독립되어 있는데 전부 '반야'라는 사상에 의해 통일되어 있다. 제1부는 아주 뛰어나며 최초의 4000권을 차지한다. 제2부는 78권, 제3부는 59권, 제4부는 18권 제5부는 10권으로 이루어졌다. 이상의 5부는 광략廣略의 차이는 있지만 대체로 같은 내용으로 장별이나 순서도 공통점이 많다. 이 중에서 제2부에는 3세기 말 이후 세 종류의 이역異譯, 제4부에는 2세기 말 이후 다섯 종류의 이역이 현존한다. 또한 제1, 제2, 제4의 3부에 대응하는 산스크리트어 원전도 현존한다.*

> * 인도에서는 시(詩)의 일절에 해당하는 32음절을 단위로 한 '송(頌)'이라 이름붙여 이것을 이용하여 산문의 양을 보인다. 『대반야』의 제1, 제2, 제4의 각부에 대응하는 원전을 각각 '십만송', '이만오천송', '팔천송'이라 부른다. 또 티벳어역으로는 '십만송', '이만오천송', '팔천송' 외에 '만팔천송'과 '일만송'이 있다.

제6부 이하는 각각 독자의 내용과 구성을 지니는데 제6부「승천왕」, 제7부「문수」, 제8부「유수」, 제9부「금강」, 제10「이취」, 제16「선용맹」등 각각의 다른 이름으로 불리며 이역이 있는 것이 많다. 이 중에서 산스크리트어 원전이 현존하는 것은 제7, 제9, 제10, 제16의 4부이다. 이들은 티벳어역도 있다. 남은 제11~15부의 산스크리트어 원전은 알려지지 않았는데 티벳어역으로는 『5바라밀다경』이라는 제목의 한 경전으로 이루어졌다.

이상을 집계해보면 현장 역 『대반야』 600권 가운데 518권 분, 즉 85%에 가까운 양에 해당하는 산스크리트어 원전이 현존한다.

대품과 소품

 현장 번역『대반야』의 최초 5부 가운데 제1의 십만송, 제2의 2만5천송, 제4의 8천송은 가장 많은 자료가 있으며 유포의 범위도 넓다. 반야경 문헌의 근본적인 것으로 고찰되어지는데, 이 중 어느 것이 본래이며 어느 것이 파생된 것인지 연구자 사이에 이론이 많다. 최대의 십만송이 처음 성립하였고 차츰 간략해진 8천송으로 요약되었다는 견해도 가능하다. 또는 그 반대로 8천송이 맨 처음에 이루어졌고 차츰 증보되어서 결국 십만송으로 성장했다는 설도 이유가 된다. 아마도 기원 무렵에 대소수 종류의 책들이 함께 이루어졌을 것이다. 실제로 3권 중에서 하나를 골라 읽으면 다른 두 권의 내용도 추찰할 수 있지만 십만송은 너무 방대해서 한역에서도 현장 역만이 있다. 2만5천송과 8천송은 쿠마라지바의 번역이 많이 읽혀지고『대품』과『소품』의 이름으로 알려졌다.『대품』은 동아시아에서 자주 읽혀지는데 중앙아시아에서 발견된 산스크리트어본 단편도 그것과 일치하는 점을 보면 유행의 범위가 넓었음을 알 수 있다. 3세기 말 한역 두 종류가 현존한다.
 『소품』은『도행반야경』10권으로 179년에 번역된 것을 비롯해서 전후 여섯 종류의 한역본이 있다. 산스크리트어 원전의 사본 수도 많고 티벳어 번역본도 자주 개정되었다. 여기서는『반야경』

의 견본이라는 의미에서 『소품』의 개략을 소개하겠다. 쿠마라지바 번역에 의한다.*

> * 『소품반야바라밀경』 10권 또한 『대반야바라밀경』 538-555권 현장 역. 『도행반야경』 10권 지루가참 역. 『대명도경』 6권 지겸 역. 『마하반야초경』 5권 축불념 · 담마비 역. 『불모출생삼법장반야바라밀다경』 25권 시호 역. 원전은 인도판(1888년)과 동경판(1932~1935년).

소품반야

장면은 라자가하 교외에 있는 '독수리봉'에서 수행승 1,250명이 붓다의 앞에 있다. 주요 인물은 붓다 외에 수부티(수보리)와 사리뿟따(사리불)로 수부티가 붓다의 명령으로 프라즈냐 – 파라미타(반야바라밀다)를 설하게 된다. 이것을 듣고 인드라를 비롯한 수많은 신들이 출현하여 기뻐한다. 석가모니도 먼 과거세에 이 파라미타를 수행하여 붓다가 되었다.

이 파라미타는 또한 '위대한 주술'이며, 이것을 수지독송한 자는 전쟁에서도 부상당하지 않는다.

붓다의 유골을 모시는 것은 공덕이 있지만 프라즈냐 – 파라미타를 서사하여 수지독송하는 공덕이 훨씬 수승하다.

과거 · 현재 · 미래의 붓다들은 모두 이 파라미타에 의해 최고의 깨달음을 얻는다. 이것은 위대한 주문이며 이것에 의해 현세의 복덕을 얻고 독에도 해로움을 당하지 않고 불에도 타지 않으며 사고가 나도 죽지 않는다. 프라즈냐 · 파라미타는 다른 5파라미타를 지도한다. 보시 등도 프라즈냐^{지혜}에 의해 성립된다.

사람들을 선행으로 이끌고 수행하게 해서 성자^{아르하트}의 경지에 이르도록 하는 것은 존귀한 일이지만 프라즈냐 - 파라미타의 경전을 타인에게 주어 서사독송케 하는 사람은 더 한층 존귀하다.

여기서 마이트레야^{미륵}보살이 발언하여 수부티에게 고한다. 보살이 함께 기뻐함에 의한 회향은 보시나 지계에 의한 복덕보다도 훨씬 훌륭하다. 붓다의 가르침에 심복해서 기뻐하는 것을 수희^{隨喜}라 하고 이를 뒤돌아 보아 최고의 깨달음을 지향하는 자량^{資糧}으로 하는 것이 회향이다. 그러나 이 수희의 회향은 어려운 문제이므로 초보 보살에게 고해서는 안 된다. 흔들림 없는 신념에 도달한 보살에게만 고해야 한다.

사리뿟따는 붓다에게 일러 말한다. 프라즈냐 - 파라미타는 일체지^{全智}와 같으며 모든 보살의 어머니다.

붓다는 수부티에게 가르쳐 말씀하신다. 프라즈냐 - 파라미타를 비난하는 자는 일체지를 비난하는 것이고 모든 붓다를 비난하는 것이므로 영원히 지옥에 떨어져서 괴로워하게 된다. 이 파라미타는 이해하기 어렵지만 법성^{진리}은 유일하고 둘도 셋도 아니

반야경

다. 그 어떤 것에도 이끌리지 말고 실천하는 것이 이 파라미타의 수행이다.

 파라미타를 듣고 믿게 된 보살은 이미 흔들림 없는 신념에 도달한 것이다. 장래 붓다가 될 수 있는 보증을 얻은 것임에 틀림없다. 여행자가 방목이나 전답을 보면 드디어 사람들을 만날 수 있다는 것을 안다. 풍경의 변화로 바다 근처라는 것을 안다. 봄에 나뭇잎의 변화를 보면 마침내 과일이 열린다는 것을 알고, 임산부의 변화를 보면 출산이 다가왔음을 안다. 이와 마찬가지로 보살이 프라즈냐 - 파라미타를 고찰하게 되면 붓다가 된다는 보증을 얻을 날도 멀지 않았다.

 붓다가 입멸한 후 프라즈냐 - 파라미타는 남방으로 유포되고 남방에서 서방으로, 서방에서 북방으로 유포될 것이다.*

> * 이 기술은 역사적 사실을 시사한 것으로 학자들의 주의를 끈다. 『반야경』은 우선 남인도(안드라왕국 등)에서 일어났으며 서해안으로 퍼져서 최후에 서북인도로 흘러갔다. 다만 '남방에서 북방' 이라는 2방설이 가장 오래되었고 현장 역은 동남에서 시작하여 동북으로 이르는 6방설로, 3방설이 가장 많다.

 보살에게도 마사魔事가 일어난다. 설법하고 있을 때에 싫증이 나거나 서사독송할 때에 방만해지거나 비웃음, 산란한 마음 등이 일어나는 것이 마사이다. 『반야경』을 버리고 소승 경전 중에 일체지를 구하는 것도 마사이다. 진귀한 보물이 많은 곳에 도적이 나타나듯이 프라즈냐 - 파라미타에 대하여 악마가 나타난다. 그러나 어머니가 아프면 자식들이 모든 수단을 다해서 의약을 쓰듯이 시방의 모든 붓다들은 프라즈냐 - 파라미타를 염두한다.

 이 파라미타는 붓다의 일체지를 내게 할 뿐만 아니라 붓다가 세간을 있는 그대로 알기 위해서도 도움이 된다. 붓다는 '있는 그대로^{여실하게}' 알기 때문에 여래^{如來}라고 한다.

 만물은 정해진 성질을 갖지 않으므로 공이다. 붓다는 프라즈냐 - 파라미타에 의해 만물이 공이라는 것을 안다.

 대해에서 난파했을 때 나뭇조각이나 튜브가 있으면 살 수 있다. 도자기에 물을 넣으면 새지 않는다. 튼튼하게 만든 배는 가라앉지 않는다. 이와 마찬가지로 프라즈냐 - 파라미타에 의해 보호된 보살은 반드시 최고의 깨달음에 도달한다.

 초보의 보살은 이 파라미타를 설해주는 '좋은 지도자^{선지식}'와 가까이 하는 것이 중요하다.

 흔들림 없는 신념을 가진 보살은 '제법실상^{진실의 모습}'을 알고, 무익한 것을 말하지 않으며 타인의 장단을 보지 않는다.

 그러나 악마는 수행승으로 변해서 유혹할 것이다.

 그 경전은 붓다의 가르침이 아니다. 그것은 일체지를 향한 수행이 아니다.

그래도 보살의 신념은 흔들리지 않는다. 신명을 아끼지 않고 정법을 위해서 열심히 정진한다.

가령 정욕을 불태우는 남자가 약속했던 여자를 만나지 못하면 하룻날 하룻밤 사이에도 끊임없이 괴로워할 것이다. 이와 마찬가지로 보살은 많은 생사를 넘어서 오로지 프라즈냐 - 파라미타를 사유하고 학습한다.

그 때 붓다의 앞에 강가(갠지스강)라고 불리는 여신이 나타났다. 그러자 붓다는 여신에게 이러한 약속을 주셨다.

> 장래에는 남자가 되어 아촉불의 불국토에 태어나 수행하고 마침내 '금화金化'라는 이름의 붓다가 될 것이다.

능력이 있는 사람은 부모처자를 데리고 위험한 길을 여행해도 도적 따위를 두려워하지 않는다. 새는 공중을 날아도 떨어지지 않는다. 활의 명수는 거리의 원근에 관계없이 마음껏 활을 쏜다. 이와 마찬가지로 보살은 프라즈냐 - 파라미타의 보호를 받아서 반드시 최고의 깨달음에 도달할 것이다.

그러나 악마는 또 유혹의 기회를 노릴 것이며 수행승의 형태를 짓는 가짜 보살도 있을 것이다. 그러므로 항상 주의해야 한다. 자비희사慈悲喜捨*의 마음을 잊어서는 안 된다.

* 타인의 행복을 바라고(자) 타인의 불행을 배제하며(비), 그 일에 만족하고(희), 게다가 집착하는 바가 없다(사). 이것을 '사무량심'이라고 한다.

여섯 종류의 파라미타를 가르쳐 주는 것이 좋은 지도자이다. 모든 붓다는 이 여섯 종류의 파라미타에서 탄생하였으므로 이것이야말로 부모이며 집이며 의지할 곳이며 구원이다. 보살은 무엇보다도 프라즈냐 - 파라미타를 실천한다. 그것을 보고 모든 악마는 한탄한다.

그러나 황금을 생산하는 땅이 드물고 이상적인 황제^{전륜성왕}가 되는 것이 어렵듯이 프라즈냐 - 파라미타를 실천하는 수행자 또한 많지는 않다.

허공에는 원근의 개념이 없다. 마술사가 나타내는 환과 같은 인물도, 물체의 그림자도, 인형극에 나오는 인형도 그 어떤 생각을 가지고 있지 않다. 프라즈냐 - 파라미타도 그와 마찬가지로 사려분별이 없다. 각각의 장소에 따라 실천 수행하지만 사려분별은 없다.

아무리 악마가 있어도 프라즈냐 - 파라미타를 실천하는 보살을 방해할 수 없다. 가르침대로 실행하며 모든 붓다에게 보호받기 때문이다.

아촉불 아래에서도 보살은 프라즈냐 - 파라미타에 의해 수행하였다고 들은 일동은, 그 붓다가 설법하고 있는 모습을 붓다 석가모니의 위력에 의해 조금 볼 수 있었다.

향상香象:간다하스틴Gandhahastin이라는 이름의 보살과 같이 현재에도 아촉불 아래에서 보살의 수행을 하고 프라즈냐 - 파라미타의 실천을 게을리 하지 않는다.

만물은 사려분별을 초월하고 단지 명목 아래 존재하며 본래 청정하다. 만물의 구성요소오온, 색·수·상·행·식는 무량하며 형상이 없고 장소의 제한도 없고 자성도 없고, 허공과 같으며 대해와 같다. 프라즈냐 - 파라미타도 그와 같다.

대품에 관하여

『대품』의 주요 부분은 『소품』과 대체로 같은 구조인데 설하는 방식이 한층 세밀하다. 현장 번역 『대반야』의 제1부, 즉 십만송본은 『소품』의 20배 이상 『대품』의 5배 정도에 해당하는데 기본적인 구조는 같다.

『대품』에 대한 주석서로 『대지도론』 백권이 있고 한역만 존재한다. 나가르쥬나용수 원저라는 점에는 문제가 있는데 적어도 역자인 쿠마라지바의 가필이 많은 것은 분명하다. 불교백과사전으로서 동아시아에서 널리 읽혀지고 있다. 이것은 중관파의 입장에서 쓰여졌다.

이것에 대해 요가챠라파의 입장에서 쓰여진 마이트레야 저서 『현관장엄론』Abhisamayalamkara은 단편으로 산스크리트어 원전 외에 티벳어도 있다. 한역되지 않았으므로 동아시아 불교와는 관계가 없으나 인도에서는 '반야' 연구의 지침이 되고 있다.

『대품』의 원전도 이 책에 의해 편집되었는데 이 책에 대한 많은 주석산스크리트어 원전과 티벳어 역도 있고 앞으로 연구가 기대되고 있다.

금강반야경

현장 번역『대반야』의 제1부에서 제5부까지는 거의 같은 구조인데 비해 제9부「금강」의 산스크리트어 원전은 인도 내외 여러 곳에서 별도로 보존되어 있다. 한역은 쿠마라지바의 것이 가장 널리 읽혀지며 또 다른 5명에 의해 따로따로 번역되었다. 티벳어와 기타 여러 나라 말로도 번역되었고 널리 유포되었다. 동아시아에서는 특히 선종에서 존중되었다.

장면은 사밧티 교외에 있는 기원정사이며 붓다와 수부티의 대화이다. 사건은 전혀 없다. 사상 내용은 다른『반야경』과 다르지 않은데 다음 시구는 이 경의 독자적인 것이다.

若以色見我　만일 형상으로 나를 보았거나
以音聲求我　소리로써 나를 찾았던 자들은

是人行邪道　그릇되이 정진한 것이니
不能見如來　그 사람들은 나를 보지 못할 것이다

또 다음과 같은 시도 있다.

一切有爲法　일체의 형성된 것은
如夢幻泡影　꿈, 환영, 물거품, 그림자와 같고
如露亦如電　이슬, 번개와도 같으니
應作如是觀　참으로 이와 같이 보아야 한다

또는 '응무소주이생기심應無所住而生其心'이란 문장은 선종을 통해서 잘 알려졌는데, '머무는 바 없이 그 마음을 내어야 한다'고 읽는다. 본래는 단지 '걸림없는 마음을 일으켜라'는 뜻이다.

『금강반야경』*은 인도에서도 특히 요가챠라파에서 연구되어 그 주석서가 수 종류 있으며, 산스크리트어 원전, 한역, 티벳어역 등도 있다.

* 금강경은 선불교가 우리나라에 전해진 이래 한국불교에서도 중요한 경전의 하나로 인식되어왔으며, 현재 조계종의 소의경전이기도 하다.〈편집자 주〉

인왕경

『인왕반야경』은 현장 번역『대반야』에도 포함되어 있지 않고 산스크리트어 원전도, 티벳어역도 알려져 있지 않다. 내용에서도 문제가 있는 점 등을 보면 중국에서 제작되지 않았나 하는 의심도 있지만 네 번이나 번역되었는데 그 중 두 개가 현존하는 점을 보아 아마도 인도 기원의 경전일 것이다. 국왕을 대상으로 호국사상을 설한 것으로, 중국이나 일본의 궁중에서 중요시 여겼는데 반야경 중에서도 특색 있는 것이다.

반야심경

현장 번역『대반야』에는 속하지 않는데 반야경 중에서도 가장 짧은『반야심경』은 널리 알려져 있다. 대소 두 종류의 책으로 구별된다. 대본은 서어^{여시아문}…와 결어…^{신수봉행}가 있으며, 일반적으로 읽혀지는 것은 소본이다. 산스크리트어본도 티벳어본도 대소 두 종류가 있으며 한역도 또한 대소 두 종류로 대본의 번역이 다섯 가지가 있다.

대의는 관자재보살이 심원한 프라즈냐 – 파라미타의 실천을 행할 때에, 만물의 구성요소^{오온·12처·18계}는 모두 공^空이라는 것을 관찰했다. 사리뿟따^{사리자}를 향해 말하겠다. 미혹^{무명}에서 시작되어 생

반야경 *177*

노사로 끝나는 생사윤회12인연도 공이며, 이들의 극복대합도 공이다. 네 가지 성스런 진리사성제도 진리의 인식12인연도, 깨달음득도 또한 같다. 보살도 과거 · 현재 · 미래의 붓다도 모두 프라즈냐 - 파라미타에 의해 마음에 걸림없이 최고의 깨달음에 도달한다. 따라서 프라즈냐 - 파라미타야말로 위대한 주문이다. 그 주문은 다음과 같다.

gate gate paragate para-samgate bodhi svaha.

불설마하반야마라밀다심경

〈전문〉

관자재보살이 깊은 반야바라밀다를 행할 때에 오온이 다 공한 줄을 비추어 보고 일체의 괴로움을 건넜다. 사리자여, 색은 공과 다르지 않다. 공은 색과 다르지 않다. 색은 즉 공이며, 공은 곧 색이다. 수, 상, 행, 식도 또한 이와 같다. 사리자여, 이 모든 법은 공을 상으로 하고, 나지 않고, 멸하지도 않는다. 더럽지도 않고, 깨끗하지도 않다. 늘어나지도 않고 줄어들지도 않는다. 그러므로 공한 속에는 색이 없고, 수, 상, 행, 식도 없다. 안, 이, 비, 설, 신, 의도 없다. 색, 성, 향, 미, 촉, 법도 없다. 안계도 없고 내지 의식계도 없다. 무명도 없다. 또한 무명이 다함도 없다. 내지 늙고 죽음도 없다. 또한 늙고 죽음이 다함도 없다. 고, 집, 멸, 도도 없다. 지혜도 없고 얻음도 없다. 얻음이 없으므로 보리살타는 반야바라밀다에 의지하여 마음에 걸림이 없다. 걸림이 없으므로 두려움도 없다. 일체의 전도몽상을 멀리 여의어 열반을 구경한다. 삼세의 제불은 반야바라밀다를 의지하므로 아뇩다라삼먁삼보리를 얻는다. 그러므로 알라. 반야바라밀다는 크게 신비로운 주문이다. 크게 밝은 주문이다. 위없는 주문이다. 무등등의 주문이다. 일체의 괴로움을 여의며 진실하고 헛되지 않기 때문이다. 반야바라밀다의 주문을 설하면 이렇다.

가테가테 하라가테 하라상가테 보디스바하

『반야심경』은 원래 『대반야』의 요문을 추출해서 조립한 것으로 보여 진다. 그 중에서도 같은 문장 또는 유사문장으로 다음과 같은 것을 지적할 수 있다. 대정장의 쪽수를 보자. 5·22중^{공중무색무수상행식}. 241중하^{색즉시공}. 568중^{시대신주}. 6·553중 이하^{무색무수상행식… 무무명}. 7·11중하. 14상^{색즉시공공즉시색(8·221中下 223上 참조)}. 310상^{불공불포무의무체…무괘애}. 312하^{과거현재미래제불개의…반야바라밀다출생무상정등보리} 446상·774중^{시대신주(8·283中. 543中 참조)}. 937상^{중초일체고…진실원리전도}.

말미의 주문인 '가테가테…'는 『다라니집경』 권3^{대정장18·807中}에 실려있는 『반야바라밀다대심경』의 것과 동일하다. 『대반야』에서는 프라즈냐 - 파라미타는 신자를 보호하므로 그 자체가 일종의 주술이라 하는데 『심경』에서는 일반적으로 보살을 관자재로 치환했듯이 여기서도 특정의 주문을 보인다. 그것이 『대반야』와 『심경』의 차이다.

주문은 본래 번역하지 않기 때문에 해설자도 여러 가지 이유를 붙인다. 마지막의 '스바하'는 인도 최고의 문헌인 『리그베다』 이래 신들을 부르는 간투사로 '축복'이라는 뜻을 갖고 있다.

건너가자, 건너가자, 저쪽 언덕으로 건너가자. 저쪽 언덕에 도착하면 지혜의 언덕이다.

처음의 네 글자는 남성단수주격^{마가다 방언}, 보리는 대격으로 본다. 『반야심경』은 프라즈냐 - 파라미타가 실천^行임을 밝혔으며 그 실천은 심원^深하므로 명상이라는 것을 시사한다. 즉 선^禪과 연관된다. 그리고 파라미타이기 때문에 모든 살아있는 것의 고뇌를 구제한다^{도일체고액…능제일체고}는 이타를 염원한다. 명상의 내용은 공관^{空觀}인데 모든 구성요소뿐만 아니라 깨달음조차도 무^無로 관찰한다^{무지역무득}. 그러므로 절대자유의 경지에 달한다^{심무가애… 무유공포, 원리일체전도몽상}. 그것이 붓다의 경지이다^{구경열반}. 프라즈냐 - 파라미타는 실천이며 명상이며 자유이며 만능의 위력이기도 하다. 그것이 관자재라는 보살로 초점이 모아지고 주문에 의해 매듭짓는 것이 『심경』의 특이성이다.

대승불교가 행해진 나라에서는 『반야심경』만큼 널리 읽혀지는 것은 없다. 인도에서 열심히 연구된 것은 티벳어역으로, 현존하는 6부의 주석서를 보아도 추측할 수 있다. 중국이나 일본에서도 주석서는 수십 종이나 된다. 아미타불을 신앙하는 정토교 이외에 『심경』을 중요시 하지 않는 종파는 없다.

6_화엄경

대방광불화엄경

『화엄경』, 자세히 말하면 『대방광불화엄경』이다. 세 종류의 한역본이 있는데, 권수에 따라서 각각 『60화엄』, 『80화엄』, 『40화엄』이라고 부른다. 이 중에서 세 번째 것은 앞의 두 가지 가운데 마지막 장인 『입법계품』만 해당한다.

『화엄경』 중에서 산스크리트어 원전이 현존하는 것은 『십지품』, 『입법계품』 둘 뿐이며 모두 독립된 경전으로 네팔에서는 '9의 법' 안에 든다.*

* 그 밖에 『현수품』과 『십회향품』의 일부가 『시크샤사뭇챠야』 한역 『대승집보살학론』 중에서 인용되었고 그 원문을 볼 수 있다.

또한 『화엄경』 가운데 여러 부분은 각각 독립된 경전으로 한역된 것이 있다. 번역은 오래된 것은 2세기 후반부터, 새로운 것은 8세기 말까지 걸쳐서 같은 본이 몇 번이고 번역되었음을 비교하면 변천의 흔적을 알 수 있다. 또한 이본이 동시에 병행하여 행해진 예도 있다. 각양각색의 한역 단행본이 있음을 보면 원래 별도의 경전이었던 것을 차츰 집성하여 『화엄경』이라는 일대집성이 완성되었음을 추정할 수 있다.

화엄*이라는 이름은 화려하게 장엄한 것을 연상케 하는데 실제로 그 이름에 어울리는 경전이다.

> * 이 말의 어원은 Ganda-vyuha일 것이다. ganda의 어의에 대해서 여러 가지 의논이 분분한데 필자는 vrnda '꽃다발', '군집'의 속어형으로 본다. '꽃다발의 구성'이라는 뜻으로 '화엄'이라고 번역했을 것이다. 그러나 이것은 원래 『입법계품』의 제명으로 이것을 소위 『화엄경』 전체의 이름으로 했을 것이다. 현존하는 산스크리트어본에서도 Ganda-vyuha는 『입법계품』의 명칭이다. 티벳어 자료도 같은데 여기서는 경전 전체의 산스크리트명 Buddha-avatamsaka(붓다의 화환 또는 귀걸이)로 들며 이에 대응하는 티벳어를 sans rgyas phal po che 또는 sans rmad gcad (붓다의 귀걸이)로 부른다. 여기에 『십지품』과 『입법계품』 기타 많은 것을 더해서 오늘날 볼 수 있는 일대경전이 성립된 것이다. 이것을 중국에서는 '화엄', 티벳에서는 'Phal po che'라고 불렀을 것이다. 최고의 한역 『녹사경』(지루가참 번역)의 원명은 avatamsaka와 관계가 있을지도 모른다.

화엄경의 구성

『대방광불화엄경』 60권은 붓다바드라(불타발타라)가 420년에 번역했다. 699년에 시크샤난다(실차난타)가 번역한 80권본은 증보한 부분이 있고 전체로는 티벳어 역본*에 가깝다.

* 티벳어역에는 『80화엄』에도 없는 부분이 조금 가필되었다.

현존 산스크리트어 원전과도 유사한데 60권본이 훨씬 옛 형태를 보존하였다. 그리고 동아시아 여러 나라에서도 친근한 경전이므로 이것으로 이야기를 진행하겠다.

『60화엄』은 34장으로 이루어졌는데 보통 이것을 여덟 편으로 나눈다.

여기서는 아래와 같이 4부로 구분해서 살펴보겠다.

  제1부 - 보현보살이 주역이 된다(1, 2, 23, 24, 29, 31, 32, 33의 각 장). 아마도 이 1부가 경전의 원형일 것이다.
  제2부 - 문수보살이 주역이 된다. 원래는 독립된 경전일지도 모른다.
  제3부 - 그 밖의 보살들이 주역이 된다(9~22, 25~28, 30의 각 장).
  제4부 - 보현과 문수의 공연(34장~입법계품). 본래 독립의 경전.

이 중에서 제3부*만이 천상계의 사건이며 보현도 문수도 참가하지 않았다는 점에서도 이질적인 것이다.

> * 제23장 이하의 10장 전부를 천상계로 하는 종래의 설명이 잘못되었다는 것은 『80화엄』과 대비해 보면 밝혀진다. 제 23장 등의 장면은 마가다국이다.

붓다의 찬미

『화엄경』의 주된 무대는 마가다국 보리도량, 붓다가 깨달음을 연 장소이다. 우선 그곳에 붓다가 된 주인공을 중심으로 많은 보살들이 모여 있다.

이 세계뿐만 아니라 사방 사유상하의 시방에 있는 무수한 세계에서도 각각 붓다와 보살들이 있다는 것이 밝혀진다. 붓다는 말로 설법을 하지 않는다. 깊은 명상에 들어가서 그 힘에 의해 광명을 놓아 모든 세계를 비추어 낸다. 신들은 붓다를 찬탄한다.

如來出世甚難值	여래께서 세상에 나오시니 정말로 만나기 어려워라.
無量億劫時一遇	무량겁 때 한번 뿐이구나.
離諸難處適衆會	모든 어려운 곳을 벗어나 중회로 가라.
唯佛世尊能應時	오직 불세존만이 응하실 때로다.

붓다가 이 세상에 출현하신 것은 매우 드문 일이므로 이 기회야말로 놓치지 말고 그 모임에 참가해야 한다. 붓다만이 시절을 알고 계시니까.

衆生沒在煩惱海　중생은 번뇌의 바다에 빠져서
愚癡邪濁大恐怖　어리석음과 삿되고 혼탁하여 매우 두려워한다.
佛以慈悲究竟度　부처님이 자비로써 구경에 제도하시어
見淨境界如天幢　청정한 경계 보이심이 천당과 같구나.

살아있는 것은 고뇌하며 무지와 악에 떨지만 붓다는 자비로써 완전히 구제하시어 천상의 큰 깃발을 날리듯 청정한 세계를 보여주신다.

佛放無量大光明　부처님이 무량한 대광명을 놓으시면
一一光明無量佛　낱낱 광명에 무량한 부처님 계시고
無數方便皆悉現　무수한 방편이 모두 다 나타나서
化度一切衆生類　일체의 중생류를 제도하신다.
見佛身相如浮雲　불신의 상을 보매 뜬구름과 같아라.

붓다의 몸은 영원한 적정이고 모습도 형상도 없지만 시방의 세계를 비춘다. 예를 들면 하늘의 구름은 잡을 수 없지만 대지를 뿌리는 비를 내린다.

如來妙音深滿足	여래의 묘음은 깊고 가득 차
衆生隨類悉得解	중생은 자기 소리로 다 알아 듣고
一切皆謂同其語	일체가 다 그 말이 같다고 한다.
梵音普至最無上	범음이 널리 이르러 가장 위 없다.

붓다의 말씀은 완전해서 일체 살아있는 것들은 모두 자신의 능력에 따라 이해하고 모두 붓다의 말씀을 듣는다. 붓다의 말씀보다 수승한 것은 없다.

世間一切上妙樂	세간의 일체가 최고의 묘락이지만
聖寂滅樂爲最勝	성스런 적멸락이 최고로 수승하다.
無垢妙法如來室	무구의 묘법은 여래의 방이며
淸淨勝眼如實見	청정의 수승한 눈은 열매와 같이 보인다.

세상에는 많은 쾌락이 있으나 성스런 정적만큼 즐거운 것은 없다. 절대의 진리야말로 붓다의 주거住居다. 관찰력이 뛰어난 자는 바르게 안다.

화엄경 *187*

無量劫海修諸行	무량한 겁해에 모든 행을 닦아
斷除衆生愚癡冥	중생의 우치한 어둠을 단제하신다.
如來智慧甚淸淨	여래의 지혜는 매우 청정해
是名佛慧除癡力	이것을 불혜, 어리석음을 없애는 힘이라 이름한다.

生老病死憂悲苦	생로병사와 우비의 고통은
毒害逼切惱衆生	독소로 해를 주어 중생을 괴롭힌다.
爲斯等類起慈悲	이들 무리를 위해서 자비를 일으켜
以無盡智示菩提	다함없는 지혜로 보리를 보이신다.

살아있는 것들은 생, 로, 병, 사, 우, 비 등의 고통으로 괴로워한다. 붓다는 이것을 보고 자비를 일으켜 무한한 지혜에 의해 붓다가 되는 길을 가르치셨다.

衆生一見如來身	중생이 한번 여래신을 보면
悉能斷除衆煩惱	다 능히 많은 번뇌를 단제하고
遠離一切諸魔事	일체의 모든 마사를 멀리 여읜다.
是名淸淨妙境界	이것을 청정한 묘경계라 이름한다.

어떤 사람이 만일 붓다의 모습을 예배할 수 있다면 괴로움도 슬픔도 없어지고 모든 유혹이나 방해도 사라진다. 이것이 절대 안락의 경지이다.

붓다의 세계

경험적 입장에서 말하면 붓다는 보리도량에서는 설법을 하지 않고 바라나시의 교외로 향해서 거기서 처음으로 5명의 수행자를 위해서 가르침을 펼쳤다. 그러나 『화엄경』에 의하면 보리도량에서의 붓다의 침묵설법이야말로 설법 중 가장 최고의 설법이다. 5명의 수행자에 대한 설법은 상대의 입장에 적용시킨 소위 제한이 있는 설법인데 붓다의 경지는 그보다도 훨씬 숭고하고 원대한 것이어야만 한다. 그러나 그 절대경지는 보통의 언어로는 표현할 수 없으므로 붓다는 침묵하여 깊은 명상에 들어간다. 붓다의 위력을 받은 신들이 붓다의 덕을 기림에 따라 절대경지를 시사한 것이 위에 발췌한 제1장의 글이다.

붓다는 많은 생애 중에서 보살로 모든 수행을 한 결과 붓다가 되었다. 붓다는 완전한 지혜와 자비를 갖추고 모든 중생을 구제한다. 살아있는 것들은 생사를 반복하고 자기의 무지와 어리석음에 괴로워한다. 붓다는 모든 방편을 쓰고 모든 것이 절대 안전한 경지에 도달할 수 있도록 지도해 준다. 붓다의 모습을 예배하는 것만으로도 사람들은 숭고한 체험을 한다.

대략 이와 같은 의미인데 『화엄경』 전체의 중추인 불타관은 여기서 대부분 볼 수 있다고 해도 좋다. 역사상의 붓다 석가모니로서 우리가 이해하고 있는 것과 본질적으로는 동일하며 그것을 한층 확충한 것이 『화엄경』의 붓다, 즉 바이로차나 Vairocana · 비로자나이다. '무구의 묘법은 여래의 방' 『80화엄』에서는 '광대한 법성의 안에 머물다' 이라고 할 때, 진리 그 자체는 곧 붓다와 일치하며 우주와 평등하다. 범신론에 대해서 범불론 汎佛論 이라고 불러야 할 것이다. 출현한 붓다의 광명 중에 무수한 붓다의 모습이 나타나고 무수한 붓다는 하나의 완전한 붓다인 것이다. '바다', '하늘', '빛'은 모두 끝없는 상징이며 경전 전체에서 반복되어 화려장엄하다. 많은 곳에서 인용되는 '십'이라는 숫자는 완성과 무한의 상징이다.

보살의 수행

그러나 또한 붓다의 길 즉 보살로서의 수행은 멀고 험난하니 이것이 『화엄경』 제2의 테마이다.

최勝嚴淨 無數佛土　최고로 수승하고 엄정한 무수한 불국토는
無量淨色 甚深功德　무량한 맑은 색과 깊고 깊은 공덕있네.
眞淨離垢 佛子充滿　청정하고 번뇌 여읜 불자가 충만하여

常聞妙法 不思議音　　항상 묘법의 불가사의한 음을 듣는다.

훌륭한 불국토가 무수하게 있고 아름다움과 선함도 무량하다. 거기에는 청정한 보살들이 충만하고 항상 설법을 듣고 있다.

　　見佛處此 獅子座上　　붓다는 사자좌 위에 계시지만
　　一切塵中 亦復如是　　일체의 티끌 속에도 또한 이와 같다.
　　而如來身 亦不往彼　　그러나 여래의 몸 또한 그곳에 가지 않고
　　普現佛土 功德境界　　불국토의 공덕경계를 나투신다.

붓다는 지금 이 자리에 앉으신 채로 모든 장소에 출현한다. 붓다의 몸은 그곳에 가지 않지만 모든 불국토에 두루하다.

　　佛示一切 諸菩薩行　　붓다는 일체의 모든 보살행을 보이시고
　　說諸方便 不可思議　　모든 방편의 불가사의함을 설하시고
　　令諸佛子 入淨法界　　모든 불자를 청정한 법계로 들어가게 한다.

붓다는 모든 보살수행을 보이시고 불가사의한 방편을 설하시어 보살들을 법계로 인도한다.

불국토는 무수하게 있으며 어디에도 무수한 보살^{붓다의 자녀들}이 법

을 듣고 있다. 붓다는 어디에도 가지 않고 떠나지 않고 있는 그대로의 모습을 나투시어 보살수행의 길을 가르친다. 보살은 그에 따라서 최고의 경지인 법계에 도달한다. 법계는 가장 오래된 시대의 불교에서 이상계로 설해졌다[Schayer의 설]. 같은 이름이 여기에서 인용되고 있는데 수행의 결정에 도달한 이상세계의 결실은 우리 내면 안에 있는 진실이다. '법계에 들어가는 것'은 『화엄경』 전체의 과제인데 그것이 이 경전 마지막 장의 제목이다.

이와 같이 붓다의 절대적이며 동시에 현실적이기도 한 성격과 보살수행의 길을 2대 테마로서, 『화엄경』이 전개된 것이다.

보현과 문수

『화엄경』에는 많은 보살이 등장하는데 그 대표자는 보현[사만다바드라 Samantabhadra]이다. 보현은 보살수행의 상징이며 이 경전의 주요한 곳에서 발언하고 행동한다. 그러나 보현의 언행은 모두 명상에 든 붓다의 위신력에 의한 것으로 뜻으로 보면 종속적이다. 붓다의 의지에 복종하고 신앙에 의하여 비로소 보살수행이 가능해지며 법계에의 길이 열린다.

보현 외에 문수[만주실리Manjusri]가 등장해서 설법한다. 문수는 동방의 불국토에서 온 손님인데 불교교리를 설하며 어떤 점에서는 『반야경』의 설과 접촉한다. 문수는 지혜의 상징이다. 이 문수가 같은 손님인 보현보살에게 질문하는 장세8 「보현품」은 보살의 신앙을 중심으로 논한다.

그런 다음 무대는 천상으로 옮겨 가며* 보살수행의 내용에 관한 설법이 계속되는데 문수도, 보현도 출석하지 않는다.

> * 천상의 14장 중에는 보살수행의 단계를 구성하는 '십주, 십행, 십회향, 십지'를 해설한 4장 외에 '십장'(10무진장)의 1장도 있다. 그러나 제3장에는 '10주·10행·10회향·10장·10지·10원·10정·10자재·10정'이 있고 이 열거방법의 기원이 훨씬 오래되었으나 낱낱의 해설은 없다. 이 점을 보아도 천상의 14장이 본래 거기에 있었던 것은 아니라는 추측이 강하다.

제23장이 되어 무대는 다시 지상의 마가다국으로 돌아온다. 앞서 보현의 설법이 제33장까지 계속되는데 두 번 중단되며 여기서 이질적인 장이 모두 다섯 번 있게 된다.*

> * 이 5장도 천상의 14장과 함께 삽입되었을지도 모른다.

선재동자

최후의 커다란 장 『입법계품』은 독립된 경전이다. 발단의 장면도 머나먼 북방 사밧티의 기원정사이다. 선재동자 수다나Sudhana라는 청년이 문수보살의 지도에 의해 이상 경지인 '법계'를 구하러 편력한다. 많은 지도자 선지식*, 선우 善友를 만나는데 마지막으로 보현보살 아래에서 완성한다는 일종의 교양소설이다.

> * 선지식의 수는 53명이라고 한다. 고역(400년경)의 『라마가경』에서는 선승(무상승)장자부터 시작해서 12명으로 완결한다. 이 경의 이름은 '비라마가'(avilambaka 속질)라는 삼매의 이름에서 온 것이다.

좋은 지도자 가운데는 종교가 외에도 재가신자, 여성도 많으며 창부*도 한 명 있다.

> * 이름이 바수미트라 바수밀려인 이 여성을 포옹하고 입맞춤함에 따라 특정한 삼매에 들어가는 것으로 『60화엄』에서는 이 두 용어를 번역하지 않고 고의로 음사하였다.(아리의=alingana, 아중비=acumgana 간본은 paricumbana) 당대의 두 본은 '抱持', '妾我脣吻'으로 번역하였다.

청년은 '보현의 수행'을 이상으로 들고 있는데 인생의 모든 경험을 맛본다는 점에서 흥미가 있다.

보현행원찬

『60화엄』,『80화엄』은 위의『입법계품』으로 끝난다.『40화엄』은 이 뒤에 다시 62송을 첨가하고 있다. 이것은 붓다바드라의 번역『문수사리발원경』, 불공^{아모가바시라}의 번역『보현행원찬』으로 대체로 같은 문장이다. 산스크리트어 원문과 티벳어역도 여러 가지로 서사되고 간행되었다. 보현보살의 수행을 모범으로 찬미한 것으로, 붓다를 찬송하고 예배공양하며 자신의 죄를 참회하여 여러 살아있는 뭇 중생의 미덕을 칭찬한다. 붓다에게 설법을 청하여 세상에서 영원히 하기를 바라고, 붓다를 본받으며 노력하고 모든 중생에게 봉사한다. 이들 선행의 공덕을 살아있는 모든 것들에게 회향하고 모두가 안락하며 붓다의 최고 이상에 도달하기를 바란다. 이를 실천하도록 서원하는 것이다.『40화엄』의 역문에 의해 그 일부분을 보겠다.

我以廣大勝解心	넓고 크고 뛰어난 나의 지혜로
深信一切三世佛	삼세의 모든 부처 깊이 믿고서
悉以普賢行願力	보현보살 행원의 크신 힘으로

| 普邊供養諸如來 | 모든 여래 널리 두루 공양하오리.

나는 붓다들을 굳게 믿고 보현의 수행을 확신해서 모든 붓다에게 공양합니다.

| 我昔所造諸惡業 | 옛날부터 지어나온 모든 악업은
| 皆由無始貪瞋癡 | 비롯없는 탐·진·치가 원인 되어서
| 從身語意之所生 | 몸과 입과 뜻으로 지었으니
| 一切我今皆懺悔 | 제가 이제 모든 죄를 참회합니다.

내가 이제까지 지은 모든 악업은 탐하고 성내고 어리석음에 의해 몸과 말과 마음으로 행해 온 것입니다. 내가 이제 일체의 모든 죄를 참회합니다.

| 我常隨順諸衆生 | 나는 늘 모든 중생 수순하여서
| 盡於未來一切劫 | 오는 세상 일체겁이 다할 때까지
| 恒修普賢廣大行 | 보현보살 넓고 큰 원 항상 닦으며
| 圓滿無上大菩提 | 위 없는 큰 깨달음 원만히 하리.

나는 언제나 모든 살아 있는 것과 행동을 함께 하며, 미래에도 언제까지나 보현의 수행을 실행하여 마침내는 붓다의 최고 깨달

음에 도달하겠습니다.

若人誦此普賢願	어떤 사람 보현행원 외우는 선근
我說小分之善根	일부라도 내가 만약 말하게 되면
一念一切悉圓滿	한 생각에 온갖 공덕 원만히 하여
成就衆生淸淨願	중생의 깨끗한 원 모두 이루리.

이 『보현행원찬』을 독송해서 조금이라도 선근공덕이 있게 되면 모든 살아 있는 것들이 청정해지도록 서원하여 성취하소서.

若人普賢殊勝願	어떤 사람 보현행의 거룩한 소원
無邊勝福皆廻向	그지 없이 훌륭한 복 다 회향하여
普願沈溺諸衆生	삼계 고해 빠져 있는 모든 중생들
速往無量光佛宮	어서 가소, 아미타불 극락세계로.

보현의 수행을 회향하여 그 무한하고 훌륭한 복덕의 힘으로 이제 죄의 바다에 빠져있는 중생들이 무량광불의 나라^{정토}로 왕생하소서.

화엄경의 영향

베아트리스 · 스즈키^{다이세츠 부인}는 『화엄경』이야말로 세계문학의 최고작품이라고 했다. 그 장대한 규모, 웅대한 사상, 풍부한 표현은 그야말로 종교문학의 극치라 해도 과언이 아니다.

인도에서도 일찍이 큰 영향을 미쳤음을 알 수 있는데 중국에서는 현수대사 법장(643-721)이 화엄종으로 조직했다. 일본에도 일찍부터 전해져 나라奈良 대종의 하나로서 꽃 피웠다. 나라의 도오다이지東大寺의 대불大佛은 이 경전의 비로자나불이다. 이는 모든 붓다를 종합하고 우주를 상징한다. 로오벤良弁, 고오벤古弁, 교넨凝然 등은 화엄종의 학승으로서도 유명한데 기타 중세부터 나온 거장들에 대해서는 현재 연구가 진행중이다. 다른 종파에서도 화엄교학은 중시되었다. 예컨대 홍법대사 쿠카이空海는 화엄을 철학의 최고위에 놓았다. 정토교 방면에서도 중요시 되었다. 이것은 화엄사상의 보편성과 포용력을 보여준 것이다. 현대사상의 입장에서 연구도 활발하니 앞으로가 기대된다.

『화엄경』은 일본의 문학이나 미술에도 영향을 크게 주었다. 특히 『입법계품』의 선재동자는 자주 거론되어 만화 등에서도 잘 알려졌다. 화엄과 관련된 명칭도 많으며 닛코日光(지명)의 화엄폭포는 장대한 상징으로도 유명하다. 일설에 의하면 도카이도東海道 고쥬산츠기五三次(지명)는 『입법계품』 선지식의 가르침에 연관된다고 한다.

7_ 유마경

비말라키르티^{유마}와 베살리

『유마경』은 상업자유도시 베살리에 사는 재가신도인 비말라키르티^{유마}를 주인공으로 한 희곡풍의 작품이다. 베살리는 갠지스강 중류에 있어서 일찍부터 붓다의 신자가 많았으며 진보적인 경향이 강하여 불교의 혁신적인 움직임의 무대가 되었다.

비말라키르티의 저택에 대한 기록을 보면 현장이나 당의 국사인 왕현책도 보았다고 했지만 실제 인물인지 분명하지 않다. 그러나 『대집경』^{대정장13 · 217上, 240下, 312中下, 313下}에도 그 이름이 나오며, 『정왕경』^{일명 『선사동자경』}이나 『월상녀경』에 비말라키르티의 남자와 여자의 기사가 있는 것을 보면 역사상 실재했던 인물일지도 모른다. 그것은 어찌 되었든 『유마경』을 읽으면 기성교단을 희롱하는 반골정신을 배경으로 한 베살리가 선명하게 떠오른다. 실제로 이 도시 재가신자들의 그룹으로 이 경전이 제작되었고 전승되었을 것이다.

화엄경 **199**

텍스트

『유마경』의 산스크리트어 원전은 산일되어 현존하지 않지만 두 세 논서에서 인용된 것을 보면 원문의 취향을 상상할 수 있다. 또한 인도에서도 널리 읽혀졌음을 알 수 있다. 현존하는 것은 세 종류의 한역과 그 밖에 티벳어역이 있다.

1. 『유마힐경』: 지겸 역. 222~229년경.
2. 『유마힐소설경』: 쿠마라지바 역. 406년.
3. 『설무구칭경』: 현장 역. 650년.

가장 오래된 한역은 엄불조[188]의 것인데 현존하지 않는다.

위의 현존하는 세 본은 번간의 차이가 다소 있지만 장의 구분이나 내용에는 별다른 차이가 없다. 이 중 쿠마라지바의 유창한 번역이 가장 인기가 있고, 일본에서는 옛날부터『유마경』이라고 하면 보통 이 책을 가리킨다. 이것을 저본으로 해설하겠다.

서곡

붓다가 베살리 교외의 승원에 체제하고 있었다. 제자들 8천 명과 보살들 3만2천 명이 모여 있다. 라트나카라^{보적}라는 신자가 5

백명의 청년들을 데리고 예배하러 온다. 그들은 보살로 불국토^이^{상세계}의 건설을 지향하고 이에 관한 가르침을 구한다. 붓다에 의하면 불국토는 그곳에 들어갈 수 있는 능력을 갖춘 자만이 허용된다. 더구나 건설하는 책임자인 보살의 마음을 청정케 해야만 한다.

그 마음이 청정하면 건설된 불국토도 또한 청정하다. ^{제1장「불국토품」}

유마의 병

다음 장에서 비말라키르티^{유마, 유마힐 무구칭, 정명}의 인간됨을 설명한다. 그는 재가신자로 처자와 집을 가지고 있는 보통 사람으로 산다. 더구나 어떤 장소에도 구애받지 않고 출입한다. 도박하는 사람들과도 교제한다. 왕후 귀족과도 어울리며 서민이나 어린이들과도 친하다. 그러나 어느 때라도 상대에게 맞는 가르침을 펼치며 적확하게 지도하는 것을 게을리 하지 않는다. 외견은 보통 시민과 같지만 사실 보살로서의 모든 자격을 갖추고 있다.

이 비말라키르티가 병에 걸렸다. 그보다도 환자의 모습을 일부러 지었다. 보살은 필요에 따라서 어떤 모습도 보여준다. 비말라키르티가 병에 걸렸다는 소문이 퍼지자 황후 귀족이나 학자, 일반 시민도 모두 병문안을 갔다. 이번 기회를 비말라키르티는 '이렇게 육체는 약한 것이다'라고 설하며 우리에게 가장 중요한 것은 '붓다의 몸' 즉 '진리의 몸[법신]'이라는 것을 밝힌다. 이와 같이 '붓다의 몸'을 목표로 해서 바르게 열심히 노력해야만 한다고 병문안 온 사람들에게 가르친다.[제2장 「방편품」]

붓다의 제자들

병상에 있는 비말라키르티는 붓다를 사념한다. 그것을 감지한 붓다는 누군가를 시켜 병문안을 보내려 했다. 먼저 상수제자인 사리뿟따에게 명령한다. 그러나 그는 즉석에서 갈 수 없음을 아뢰고 자신의 잘못을 고백한다.

사리뿟따가 어느 날 숲 속 나무 아래에 앉아서 혼자 명상에 들었을 때, 거기에 온 비말라키르티는 말했다.
'명상이란 그렇게 하는 것이 아니다.
이 현실세계에 몸도 마음도 나타내지 않는 것이 명상이다.
신심을 멸각해서 아름다운 동작을 보이는 것이 명상이다.
윤회의 세계에서 헤맴을 끊지 않고 그대로 이상의 경지에 들어가는 것이 명상이다.'

'지혜제일'로 칭송되는 사리뿟따도 비말라키르티가 이렇게 일러 주니 그에게 병문안 갈 자격이 없다는 것이다.

다음은 마하목갈라나가 지명된다. 그도 비말라키르티에게 한 방 먹은 경험이 있다. 이렇게 해서 십대제자 모두가 각각 실패를 고백하니 병문안을 갈 자가 아무도 없다. ^{제3장「제자품」}

마찬가지로 마이트레야^{미륵}를 비롯한 세 명의 보살과 신자 수닷타^{급고독장자}도 각각의 이유를 들어서 사퇴한다. ^{제4장「보살품」}

두 거장의 대담

결국에 붓다는 만쥬실리^{문수보살}에게 그 역할을 맡긴다. 그는 붓다의 명령에 의해 이 임무를 떠맡는다. 많은 제자나 보살들은 이 문답을 들으려고 동행하게 된다. 만쥬실리와 비말라키르티의 문답이 이 경전의 주요한 부분을 구성한다.

비말라키르티는 병문안 오는 손님들을 보자 신통력에 의해 집안을 온통 텅 비게 하고 문지기 한 명도 남기지 않는다. 자신이 누워 있는 침상 하나만이 있을 뿐 일체의 가구도 보이지 않는다.

만쥬실리의 모습을 보자 비말라키르티는 말한다.

'오시느라 수고하셨소. 당신은 온 것이 아니라, 올 것이다. 본 것이 아니라, 볼 것이다. 듣는 것이 아니라, 들을 것이다.'

'그렇다. 이미 온 것은 오지 않는다. 이미 간 것은 가지 않는다. 이미 본

것은 보지 않는다. 그런데 병은 어떠하신가? 나는 붓다의 심부름으로 병문안을 왔다.'

'만쥬실리여! 무지와 생존에의 의욕이 이 세상에 있는 한, 나의 병도 계속 될 것이다. 중생의 병이 있는 한 나의 병도 있다. 그들이 나으면 보살도 낫는다. 보살의 병은 커다란 연민에서 일어난다.'

갈수록 집은 텅 비고 병과 환자의 마음가짐에 관해서 문답이 계속된다.^{제5장}「문수사리문질품」

그 때 사리뿟따는 방에 의자가 없다는 것을 알아채고 '보살이나 제자들은 어디에 앉으면 될까?' 하고 걱정하기 시작한다. 그 모습을 본 비말라키르티가 사리뿟따에게 묻는다.

"당신은 법을 구하러 왔는가? 아니면 의자를 찾으러 왔는가?"

그리고는 법을 구하는 문제에 관해서 설교한다. 그런 다음 멜니미타라는 불국토에서 3만2천 개의 의자를 들여온다. 이 의자는 높이가 몇 만km의 엄청난 크기인데, 만 길이나 되는 방에 3만2천 개를 놓아도 여유가 있다. 보살들은 편안하게 이 의자에 앉고 제자들은 도움을 받아서 간신히 기어 올라가 앉는다.

어안이 벙벙한 사리뿟따 등 제자들에 대해서 비말라키르티는 '불가사의한 자재력'에 관하여 가르친다. 붓다나 보살들은 공간과 시간의 대소를 초월하고 또 필요에 따라 모든 형상을 몸에 체득하였다.^{제6장}「부사의품」

다음에 중생^{살아있는 모든 것}이 화제에 오른다. 보살은 중생을 어떻게 보는가? 비말라키르티의 설명에 의하면 중생은 고정된 것이라고 생각해서는 안 된다. 물에 비친 달그림자, 환과 같은 사람 그림자, 거울에 비친 모습, 아지랑이, 메아리, 공중의 떼구름, 물거품, 물보라, 파초의 심, 번개, 그 밖에 많은 비유가 서술된다. 요컨대 실체적인 관념을 타파해야만 한다. 그래야만 보살은 중생에 대해서 집착하지 않으며 자비심에 의해 지도할 수 있다.

만쥬실리는 비말라키르티에게 질문을 계속한다. 만물은 의지할 곳이 없는^{무주} 것을 근본으로 한다. 여기까지 진행된다.

이 때, 비말라키르티의 방에 살고 있는 천녀가 모습을 나타내어 꽃비를 뿌리자 보살들에게 뿌린 꽃은 지상에 떨어지는데 제자들의 몸에 붙은 꽃은 떨어지지 않는다. 당황한 사리뿟따와 천녀의 문답이 이어진다. 남녀의 구별, 깨달음과 미혹의 구별에 구애받는 사리뿟따와 모든 차별을 초월한 천녀의 주고받는 대화도 결국은 '깨닫지 않은 것이야말로 깨달음'이라는 역설에 도달한다.^{제7장 「관중생품」}

그런 다음 또 다시 비말라키르티와 만쥬실리의 문답이 계속된다. 붓다의 법을 어떻게 실천하는가? 라는 것이 화제가 된다. 비말라키르티는 '도가 아닌 도^{비도}'야말로 보살의 도라고 단정한다. 소승불교에서는 탐냄이나 증오함, 어리석음을 부정하는 것을 목표로 수행하는데 오히려 그와 같은 번뇌야말로 깨달음의 단서가 아닐까? 바싹 마른 토지가 아니라 진흙 못에서 연꽃이 핀다. 번뇌가 많을수록 청정한 경지에 도달할 수 있다.

보살의 어머니는 '지혜의 완성^{반야바라밀다}'이며, 아버지는 '방편의 공교로움'이다. '법에 대한 기쁨'을 아내로 하고 '자애'와 '자비'를 딸, '법'과 '이중의 진리^{절대적, 현실적}'가 아들이다.^{제8장「불도품」}

불이문

지금까지 만쥬실리를 상대로 이야기 한 비말라키르티는 여기서 보살들에게 발언의 기회를 준다. '불이'의 법문에 들어가는 문제에 관하여 말해보라고 한다. '불이'는 '대립의 통일'이라고도 할 수 있다. 이것에 관하여 첫 번째 보살은 말한다.

생과 멸은 둘이다. 나지 않은 것은 멸하지 않는다. 나지 않은 법을 확신하는^{무생법인} 것이 불이의 법문에 들어가는 것이다.

여기에 이어서 다른 보살들은 '나와 나의 것', '더러움과 청정함', '산만과 안정' 등 여러 가지 대립에 대해 불이를 말한다. 그런 다음 만쥬실리에게 의견을 말하라고 하니 다음과 같이 서술한다.

자네들이 말한 것은 그런대로 훌륭하다. 그러나 모두 둘 뿐이다. 말할래야 말 할 수 없고, 설명할래야 설명할 수 없는, 그것이 불이에 들어가는 것이다.

이렇게 말하고 나서 만쥬실리는 비말라키르티의 의견을 구한다. 그는 침묵할 뿐이다. 만쥬실리는 '이것이야말로 진정한 불이법문이다'라고 찬탄한다.「입불이법문품」

멀리서 온 손님

「입불이법문」에서 최고조에 달했지만 여기서 다시 사리뿟따가 세속적인 걱정을 시작한다. 점심 때가 되었는데 식사를 어떻게 해야 하는지? 그 마음을 알아차린 비말라키르티는 "그대는 식사를 하고 싶은가? 아니면 법을 듣고 싶은가?"하고 힐난한다. 그런데 가장 진기한 요리를 타방의 국토에서 날라온다. '모든 향기나는 중향' 이름의 불국토에서 음식이 도착하는데 그것을 들고 보살들이 온다. 그리고 그쪽 불국토에서 붓다는 다만 향기를 방출할 뿐이다. 언설로 설법할 필요도 없으며 모두 향기를 맡는 것만으로 수행을 완성한다고 한다.

그 불국토에서 온 보살들의 질문에 대답하고 우리 국토에서는 중생이 벽창호이므로 지옥, 아귀, 축생을 설하고, 좋은 일, 나쁜 일을 낱낱이 가르쳐야만 한다고 비말라키르티는 설명한다. 타방 국토에서 온 보살들은 그것을 듣고 "정말 큰일이겠군"하면서 동정한다. 그러나 비말라키르티가 교화의 일이 곤란한 만큼 이 불국토에서는 붓다 석가모니를 비롯해서 보살들도 설명한 보람이 있다고 하니 일동이 감탄한다.^{제10장 「향적불품」}

유마의 정체

장면은 다시 처음의 승원으로 돌아간다. 돌연 모든 것이 황금색으로 빛나고 거기에 비말라키르티를 선두로 해서 일동이 모두 온다. 타방 불국토에서 온 보살들도 함께 와서 붓다 석가모니의 설법을 듣고 마음으로 만족해서 원래의 국토로 돌아간다.^{제11장 「보살행품」}

붓다는 비말라키르티를 향해 "붓다를 어떻게 보는가?"하고 질문한다. 비말라키르티는 "붓다를 보지 않는 것이 보는 것이다. 붓다는 일찍이 존재하는 자, 현재 있는 자, 장래 사라지는 자로 볼 수 없다."고 대답한다. 붓다는 절대자이며, 절대적인 자는 감각이나 사유의 대상이 되지 않는다.

붓다 석가모니와의 문답을 듣고 더욱더 놀라는 사리뿟따는 '이 남자가 도대체 어떤 자인가' 하고 생각한다. 그래서 붓다는 비말라키르티의 정체를 설명한다.

붓다 석가모니 주위에 있는 사람들은 아빌라티라는 불국토를 보고싶다고 한다. 비말라키르티는 그것을 비유하여 가볍게 한 손으로 아빌라티 불국토를 그대로 가지고 와서 일동에게 보여준다. ^{제12장 「견아촉불품」}

에필로그

이상 주요한 부분이 끝나고 다음에는 제석천의 질문에 붓다는 다음과 같은 옛 이야기를 한다.

옛날 바이샤자라쟈^{약왕} 여래라는 붓다가 오셨을 때, 소마차트라^{월개}라는 한 왕자가 온갖 공양물 중에서 '법의 공양'이 가장 훌륭하다고 듣고는 붓다의 법을 듣기 위해 스스로도 실행하고 타인에게도 가르쳐서 실행케 했다. 그 결과 소마차트라는 훗날 붓다가 되었다. 그것이 지금의 붓다 석가모니이다.

붓다나 그의 제자들에게 의식주 등을 마련해주는 형태의 공양보다도 '법의 공양'이 훨씬 훌륭하다는 것이 『유마경』의 사상인 것이다. ^{제13장 「법공양품」}

마지막으로 이 경전의 수지와 독송과 보급을 권하는 1장으로 전편을 끝낸다. ^{제14장 「촉루품」}

유마경의 영향

이 경전의 내용은 『반야경』과 공통점이 많아 인도에서는 중관파의 학자들에 의해 인용되었다.

한역되자 즉시 커다란 반향을 불러일으켜서 4세기 무렵부터는 사영운 등의 시인들에게 진중되었다. 5세기에 쿠마라지바의 번역이 이루어지고 나서는 문사로서 『유마경』을 모르는 자가 없었다. 현대에도 매난방이 『천상산화』라는 제목으로 이 경전의 장면을 상연했다.

일본에서도 가장 일찍 알려진 경전 중의 하나이다. 쇼토쿠성덕태자의 작품으로 일컬어지는 『유마의소』도 있고 아스카飛鳥(593~686) 시대에 시작된 학승의 연구는 나라奈良(710~784) 시대 이후에도 계속되었고, 가마쿠라鎌倉(1192~1333) 시대에는 교넨凝然이 주석을 썼다. 선승들 사이에서도 가장 사랑받고 있는데, 메이지明治(1868~1912)와 다이쇼오大正(1912~1926) 그리고 쇼와昭和(1926~1989) 시대에도 불교의 새로운 지도정신을 구하는 사람으로 『유마경』을 애호하는 자가 많았다.

8_승만경

승만경

『승만경』의 산스크리트어 원전*은 현존하지 않지만 다음과 같은 두 종류의 한역이 있다.

1. 『승만사자후일승대방편방광경』: 구나바드라 역. 436년.
2. 『대보적경 제48회, 승만부인회』: 보리류지 역. 709~713년.

* 산스크리트어 원전으로 현존하는 '논' 중에 인용된 문장에 의해서 『승만경』의 원문을 엿볼 수 있다. 이들 '논'의 한역명은 『대승장엄경론』(마하야나·수트라·랑카라)·『구경일승보성론』(웃탈라탄트라)·『대승집보살학론』(시크샤·무차야)이다.

제2는 제1을 보정한 것으로 일반적으로 지금까지 제1 역이 읽혀지고 있다. 티벳어 역의 표제는 『성스런 실리말라비승만부인의 사자후라고 이름 하는 대승경전』이라고 한다. 한역본과 비교하면 다른 점도 있다.

발단

붓다 석가모니의 교화활동은 남쪽으로 마가다국에서 북쪽으로 사밧티에까지 미쳤다. 이 북방국의 빠세나디왕은 말리카왕비의 감화로 불교에 귀의하였다.^{여기까지는 사실이다} 이 왕비가 낳은 실리말라^{승만}*는 같은 나라 안에 있는 다른 도시인 아요다**에 사는 야쇼미트라^{우칭}왕에게 시집갔다. 친정의 양친이 시녀에게 편지를 보내어서 딸에게 신앙생활을 하도록 권한 것에서 『승만경』이 시작된다.

* 말리카가 여자아이를 낳은 것은 다른 책에도 나오지만 이하의 기술은 사실(史實)에 의거해서 불확실하다.
** 아요다는 인도의 오래된 대사시(大史詩) 『라마야나』의 무대로 일찍부터 문화가 개방되었다.

입신의 서원

친정의 양친에게 온 편지를 읽은 실리말라 왕비는 붓다의 모습을 보고 싶다고 발원한다. 그 찰나에 붓다는 공중에서 모습을 드러낸다. 왕비는 붓다의 모습과 지혜와 불법이 무한함을 찬미*

하고 귀의한다.

> * 이 찬미의 시는 중국에서 당대 초기 범패(불교가요)의 하나로 일컬어진 이래 한국과 일본에서도 천태, 진언 기타 여러 종파에서 여래패(如來唄)로 법요에 쓰여졌다.

如來妙色身	여래의 묘색신은
世間無與等	세간과 더불어 동등하지 않다.
無比不思議	비할 데 없고 불가사의하니
是故今敬禮	그러므로 이제 경례하노라.

붓다의 모습을 비할 수 있는 것은 이 세상에 없고 생각으로 미치지 못하고 비할 수도 없습니다. 세상의 주인에게 예배드립니다.

如來色無盡	여래의 색은 무진하다.
智慧亦復然	지혜도 또한 그러하다.
一切法常住	일체법이 상주하니
是故我歸依	그러므로 우리가 귀의하옵니다.

붓다의 모습과 지혜는 무한하며 소중한 불법도 무한합니다. 성스런 옥체야말로 귀의처입니다.

붓다는 왕비와의 인연이 이미 과거세에도 있었다는 것을 밝히고, '붓다의 공덕을 찬미한 이유 때문에 그대는 미래에도 행복한 생애를 수없이 반복해서 많은 붓다를 섬긴 후 먼 장래에 사만타바드라여래*라는 붓다가 될 것이다. 그 불국토에는 악과 악의 과보란 없으며 모든 선만이 있고 불행은 존재하지 않을 것'이라고 예언한다.

* 한역에서는 보광(사만타프라바)여래라고 한다.

그 말을 듣고 왕비는 다음과 같은 열 가지 서원을 세운다.

1 계율을 지킨다.
2 손윗사람을 얕보지 않는다.
3 살아 있는 것을 미워하지 않는다.
4 다른 것을 부러워하지 않는다.
5 인색하지 않다.
6 재물은 모두 약한 자를 구하기 위해서만 쓴다.
7 타인의 행복을 위해서 성심誠心을 다한다.
8 괴로워하는 자를 반드시 구한다.
9 생고기의 매매 등 나쁜 행위를 벌주고 좋은 길로 인도한다.
10 정법을 익혀서 결코 잊지 않는다.攝受正法*

* 10항목 가운데 가장 중요한 것은 '정법을 익힐 것'인데 한역에서는 '섭수정법'이라고 한다. '정법'은 '묘법'이라고도 번역하는 경우가 있는데 최고의 진리, 붓다가 깨달은 내용이며, 절대자이다. 그것을 '몸에 익히는 것'(섭수)이 대승불교의 이상이다.

섭수정법

실리말라 왕비는 이에 따라 3대원을 들고 앞으로 어느 생애에서든지 이를 실천할 것을 맹세한다.

1 정법을 이해하고
2 이해한 정법을 설하고
3 정법을 보호, 수지하기 위해서는 자신의 몸을 돌보지 않는다.

이상의 3개 항목을 서술한 다음, 또 이를 비롯한 많은 원을 모두 섭수정법이라는 일대원 안에 포함시킬 것을 밝혔다.

섭수정법은 섭수정법하는 사람 이외에 있는 것이 아니라, 보살의 6파라미타^{완전한 실천}인 것이다.

또한 섭수정법은 신체·생명·재산을 포기함에 따라 실현된다. 신체의 포기에 의해 영원한 불타신^{이상태}을 획득한다.

정법이란 실제로 대승인 것이다. 소승인들은 일반적인 번뇌^{미혹}

는 끊어버리지만 근본적인 번뇌^{무명주지:무지의 근거}를 절멸하지 못한다. 이것을 절멸하는 길은 다만 붓다의 지혜에 의해서이다. 이것이 대승이다.

그러나 소승도 결국에는 대승에 귀의한다. 대승의 이상은 붓다의 깨달음이며, 열반^{정확히 말하면 니르바나}이나 법신^{진리 그 자체}이라고도 한다. 그것은 곧 붓다와 동일하며 영원한 자비와 서원을 구현한 자이다.

여래장

『승만경』의 특색 중에 하나는 '여래장'이라는 사고방식이다. '장'은 태 또는 태아를 가리키는데 이 술어에는 몇 가지 의미가 내포되어 있다.

첫째는 모든 살아있는 것은 성장하여 여래^{붓다}가 될 소질을 지니므로 여래의 태아이다.

둘째, 살아있는 것에는 붓다의 성격이 아직 발휘되어 있지 않으므로 여래의 태아가 잠들어 있다.

셋째, 살아있는 것은 번뇌 때문에 자기에게 잠재한 붓다의 성격을 태아와 같이 덮어 감추고 있어 표면에 나타나지 않는다. 이러한 이유로 여래의 태, 즉 여래장이라고 한다.

이 여래장이라는 사상의 근저에 있는 것은 중생^{살아있는 것}의 현실

태는 불완전한 것처럼 생각되지만 그 본질에서는 여래라는 이상태와 완전히 동일하다는 생각이다.

'우리 중생의 정신은 본질적으로는 청정하나 우연적인 외래의 요소에 덮여서 일시적으로 흐려져 있다'는 사고방식은 소승에 속하는 대중부계에도 있지만 여래장은 그것을 전개한 사상이다.

『승만경』에서는 이 여래장에 의해 우리의 현실태, 즉 윤회하는 여러 가지 차별적인 현상의 생기(미혹)가 설명된다. 그리고 그와 동시에 이 현실태를 반성하고 생사윤회에서 해탈하여 열반이라는 이상태를 추구하는 것도 또한 이 여래장에 의해 설명된다.

실리말라는 이렇게 설명하고 나서 '정신이 본질적으로는 청정하다'는 것과 '그 청정한 정신이 흐려져 있다'는 것은 일반적으로 사람의 사고에 미치지 못하고 단지 붓다의 지혜에 의해서만 이해가 가능하다고 단정한다. 여기서 철학적 사유는 종교적 신념으로 비약한다.

이 종교적 신조는 실리말라 연설의 최종부에 밝혀 놓았다. 여기서는 대승의 실천자를 다음의 세 종류로 나눈다. 첫째는 스스로 심원한 진리를 체득한 사람들, 둘째는 진리에 상당하는 이해력을 갖춘 사람들, 셋째는 심원한 진리에 대해서 자신의 이해력에 자신이 없고 여래만을 알고 싶어 하여 붓다에 귀의하는 사람들이다. 이 세 종류의 사람들은 심원한 진리를 비난하지 않고 자기를 보호하고 많은 복덕을 내어 대승의 길을 실천하는 자이다.

이상에서 실리말라의 연설은 끝나고 붓다는 이를 찬탄한 후 공중을 날아 사밧티로 돌아갔다. 이것을 기연으로 아요다에는 대승의 가르침이 펼쳐졌다. 한편 붓다는 사밧티에서 이 연설을 경전으로 보존하고 세계에 널리 두루하도록 지시하셨다.

승만경과 아요다

『승만경』은 전편의 대부분이 실리말라 왕비의 독연이며 더구나 그 강연자가 여성이라는 것이 주목된다. 그러나 여성이란 점이 내용에 조금도 영향주지 않는다. 대부분의 대승경전에서는 여성의 몸으로는 정토에 왕생하지 못한다든지 남자로 변형하고 나서 붓다가 된다는 제한이 있지만『승만경』에서는 여성의 핸디캡이 전혀 문제가 되지 않는다. 주인공으로 여성이 택해진 것은 불교가 궁정에 진출한 역사적 사실을 반영한 것이다. 사밧티의 말리카 왕비는 앞에서 서술했다. 아요다의 서남쪽에 있던 코삼비라는 도시에서도 먼저 왕비들이 신앙을 행하고 우다나 왕의 입신으로 이어졌다는 사실이 여러 성전에 기록되어 있다.『승만경』이 픽션이라 해도 왕비가 솔선해서 입신한다는 상정은 설화라 해도 자연스럽다.

붓다 시대에 아요다에 포교된 사실의 확증은 발견되지 않지만 기원후 4세기말 이후가 되자 아상가[무착], 바수반두[세친] 형제를 중심으로 유식파요가차라의 대승불교가 이 세상에 번성했다. 위에서 소개한 『승만경』은 이 파의 사상에서 유력한 근거를 제공하고 또 이 파의 고서에 자주 인용되고 있으며, 그 무대가 아요다라고 설정되어 있는 것으로 보아 이 경전이 실제로 이 지방에서 성립, 전승되었다고 상상할 수 있겠다. 자유도시인 베살리를 배경으로 한 『유마경』의 경우와 유사하다.

그 영향

『능가경』에는 『승만경』을 인용한 곳이 여러 군데 있다. 그 밖에 『밀엄경』, 『여래장경』, 『열반경』에도 영향을 미쳤다. '논' 중에서는 앞에서 기록한 것 외에 『대승법계무차별론』, 『불성론』 등 유식계의 논서나 『금강선론』, 『대승보요의론』에도 인용되어 있다. 또한 내용에서 생각하면 『대승기신론』의 성립에도 기여했다고 추정된다. 유식사상에만 그치지 않고, 절대자붓다의 본체에 관한 『승만경』의 사상은 중국에서 화엄종, 선종과 더불어 발전하여 다른 나라에도 크게 영향을 준다. '모든 살아 있는 것은 예외없이 붓다가 될 수 있는 소질을 지닌다'는 사상의 근거도 이 경전에서 발견된다.

중국에서는 가상대사 길장(549~623)의 『승만보굴』이 대표적인 주석서인데 그 인용에 의하면 이미 수십 명의 학자가 주석했다고 한다. 일본에서는 쇼토쿠(聖德) 태자가 지은 것으로 전해지는 『승만경의소』 이하, 교넨이나 다른 사람의 주석서도 현존한다. 중세 이래, 일부 학자 외에는 별로 읽혀지지 않았으나 경전에 흔히 있는 분식이 없어, 소위 사상서로서도 현대인이 읽기에 어울리는 필독서이다.

9_ 법화경

묘법연화경

『묘법연화경』은 간략히 해서 『법화경』이라고 한다. 산스크리트어 원전*은 네팔, 케시미르, 중앙아시아의 세 지방에서 발견되었다. 20세기에 들어와서도 원전을 토대로 여러 나라에서 번역되었다.

* 최고의 사본은 중앙아시아에서 발견된 단편들(5세기 추정)이다. 가장 잘 정리된 것으로는 케시미르의 길기트 출토본이 6세기 초기로 가장 오래된 것이다. 네팔계는 11세기 이후이다. 또 중앙아시아 출토본은 오래 되었으나 내용은 네팔본보다도 훨씬 새롭다.

한역에는 다음의 세 종류가 현존한다.

1. 『정법화경』 10권 : 축법호 역. 286년.
2. 『묘법연화경』 7권 : 쿠마라지바 역. 408년.

3. 『첨품묘법연화경』 7권 : 지냐나굽타와 다르마굽타의 공역. 601년.

이상에서 제3은 제2를 보정한 것인데 동아시아에서 『법화경』이라는 것은 제2 역을 가리킨다. 그 밖에 티벳어 역은 대체로 네팔본과 내용이 일치한다. 그리고 고대 투르크어, 서하어 등의 단편도 현존한다.

여기서는 동아시아에서 일반적으로 읽혀지는 쿠마라지바 역 『묘법연화경』에 대해 이야기를 계속하자.

발단

무대는 마가다국의 도시 라자가하의 교외에 있는 독수리봉이다. 붓다는 우선 보살들을 위해서 대승의 가르침을 설하고 난 다음 선정에 들어갔다. 그 때 붓다의 미간에서 한 줄기 광명이 나와 동방의 1만8천 불국토를 비추었다. 각각의 불국토에서, 최하층의 지옥부터 최상층의 천상계까지 밝게 분명히 비추고 각각의 불국토에서 붓다의 모습이 보인다. 그리고 그 설법이 들려왔다. 붓다들이 이윽고 입멸하고 그들을 위하여 보석으로 된 사리탑이 세워지는 것이 보였다.

이 불가사의한 모습을 보고 일동은 그것이 무슨 징조인가 했다. 마이트레야^{미륵}보살은 만쥬실리^{문수보살}에게 이것을 질문했다. 만쥬실리는, 먼 옛날 일월등명이라는 붓다 시절에 지금과 같은 기적이 나타났는데, 그 붓다가 선정에 들어가 미간으로부터 광명을 놓아 1만8천의 불국토의 모습을 비추어내고 선정에서 깨어나 '묘법연화'라는 대승의 가르침을 설하였으며, 그날 한밤중에 입멸하셨다고 대답했다.^{제1장「서품」}

삼승과 일승

이윽고 선정에서 깨어난 붓다가 제자 사리뿟따^{사리불}를 향해 말했다. '붓다의 경지는 붓다 이외에는 알 수 없으므로 편의상 '삼승'*의 가르침을 설한다.'

> * 삼승이란 소승과 같다. 즉 (1)자신만의 해탈을 최고의 이상으로 하는 성문 말씀의 제자와 (2)인과의 도리를 깨달았으나 자신만으로 만족하고 타인에게 설법하지 않는 '독각'(또는 연각, 고독의 붓다)이 소승이다. 그 밖에 (3)완전한 붓다가 있음은 인정하지만 자기들에게는 인연이 없다고 체념한다. 이것이 소승의 입장이다. 이에 대해서 '붓다가 되는 도는 누구에게도 열려있다'는 것이 일승 즉 대승이며, 이것이 『법화경』의 입장이다.

사리뿟따는 붓다의 의도를 알고 그 일승을 설하시도록 원했다. 그 원을 두 번까지 거절하신 붓다는 마침내 세 번째 원을 받아들여서 그 법을 설하겠다고 선언했다. 그 때 5천명의 제자들은 자리에서 일어났다. 그들은 종래의 가르침으로 만족했으므로 일승의 가르침을 듣는 것을 좋아하지 않았다.제2장「방편품」

  붓다의 말을 듣고 사리뿟따는 다시금 대승의 가르침을 신봉할 것을 선언하고 붓다는 사리뿟따가 미래세에 화광바드마프라바이라는 이름의 붓다가 될 것이라는 예언수기을 주었다.

화택의 비유

  여기서 붓다는 비유로 설했다.

    여기 한 사람의 대부호가 있다. 커다란 저택에 살고 있는데 출구가 하나밖에 없다. 어느 날, 갑자기 불이 났다. 어린이들은 노는 데 열중해서 '나와라!' 하고 외쳐도 듣지 못한다.
    '밖에는 재미난 장난감이 있다. 양이랑 사슴이랑 소가 끄는 수레가 있다. 빨리 나와서 놀자' 하는 말에 이끌려서 나온 어린이들에게 부호는 하얀 소가 이끄는 멋진 수레를 하나씩 주었다. 부호의 생각은 이러했다.
    '이들은 모두 나의 사랑스런 아들이다. 모두에게 최상의 탈 것마하야나, 대승을 주어야만 한다. 어째서 차별대우를 할 수 있으리오'제3장「비유품」

방탕한 자식의 비유

　이어서 그 밖의 대표적인 제자들 모두 에게 각각 붓다가 된다는 예언이 주어졌다.
　마하깟사빠[가섭] 등 4명은 자신들의 이 행운을 다음과 같은 비유로 이야기 한다.

　어떤 남자가 아버지 곁을 떠나 오랫동안 타국을 방랑했다. 그 사이에 아버지는 대부호가 되었으나 아들을 생각하지 않은 적이 없다. 아들은 50년이 지나서 가끔 아버지의 화려한 저택 앞을 지나다가 '나 같은 거지에게는 필요 없는 장소다.' 라고 생각하면서 급히 지나쳐 버린다. 그러나 아버지는 한 눈에 아들임을 알아차린다.
　'늙어서 얼마 살지 모르는 지금, 내 아들에게 전 재산을 물려줘야 겠다.'
　아버지는 이렇게 생각하고는 사람을 시켜서 불러오게 한다. 거지는 벌 받는다는 두려움에 기절하고 만다. 이윽고 정신을 차린 청년은 석방되어 크게 기뻐한다. 아버지는 초라한 행색의 두 남자를 고용하여 아들의 뒤를 쫓게 한다.
　'우리 두 사람과 함께 일하지 않겠는가? 월급도 많이 준다는데' 하고 말을 걸었다. 청년은 기뻐서 오물 청소부로 고용되었다. 마침내 부호는 자신도 초라한 행색으로 차려 입고 청년에게 접근하여 차츰 친해졌다.

법화경　**225**

그러나 20년 동안 하천한 노동 일만 해왔던 청년은 아버지의 집을 드나들지만 자신은 여전히 초라한 작은 집에서 살고 있었다. 이윽고 주인은 그 청년에게 전 재산을 일임한다. 그리고 임종할 때가 되자 친척과 왕족*과 많은 유력자들 앞에서 청년이 나의 친아들임을 선언하고는 전 재산을 상속했다.

* 여기서는 강대한 국왕을 말하는 것이 아니라 단지 지방의 지배자에 지나지 않는다. 사회적 배경을 문제로 한다면 오물 청소부가 부호의 상속자가 된다는 가정에는 문제가 있다. 카스트제도가 엄중한 인도의 통상 사회에서는 도저히 생각할 수 없는 일이기 때문이다.

마하깟사빠 등은 이와 같은 비유의 이야기를 서술한 다음 자신들은 정말로 그 대부호의 아들과 같다고 한다. 붓다는 먼저 자신들에게 소승의 가르침을 보이셨다. 그것은 하천한 일을 내려 준 것과 같다. 자신들은 그 말을 믿고 가르쳐 주신 대로 노력을 계속해 왔다. 그러나 이제는 자신들을 친아들이라고 선언하고 붓다의 후계자라는 것을 가르치셨다. 지금까지 자신들에게는 연이 없다고 생각했던 대승의 가르침이 자기들의 것임을 알았다. 마하깟사빠 등은 이렇게 말하고 자신들의 행복을 기뻐한다.제4장「신해품」

초목의 비유

마하깟사빠 등의 말을 듣고 붓다는 상찬한 다음, 다음과 같은 비유를 설했다.

이 세계에는 여러 가지 식물이 있다. 거기에 구름과 비가 나타나서 한 번에 전 세계에 비를 뿌린다. 내리는 빗물은 같지만 크고 작은 초목은 각각 자신에게 맞는 분량의 물을 흡수하고 거기에 따라서 어울리는 꽃을 피우며 다른 과실을 맺는다.

붓다도 똑같다. 사람들이나 신들 기타 모든 존재의 앞에 서서 같은 법을 설하여 들려준다. 그러나 초목에 대중소의 구별이 있듯이 법을 듣는 측도 또한 대중소의 구별이 있고 '말씀의 제자[성문]'들은 작은 초목처럼 약간의 가르침으로 만족한다. '고독의 붓다[연각]'들은 중간 크기의 초목과 같아서 어느 정도의 깨달음으로 만족한다. 그러나 커다란 초목과 비교되는 보살들은 붓다의 최고 경지를 목표로 성장한다. [제5장 「약초유품」]

술에 만취해서 몰락한 비유

이어서 붓다는 마하깟사빠 등 4명이 모두가 각각 먼 장래에 붓다가 될 것이라는 예언을 준다.[제6장 「수기품」] 더구나 다른 다수의 제자들도 마찬가지로 붓다가 된다고 약속하신다.[제8장 「오백제자수기품」, 제9

장「수학무학인기품」

이 기술제8장의 사이에 제자들이 붓다에게 다음과 같은 비유의 말을 한다.

> 어떤 남자가 친구 집에 와서 만취해 버렸다. 친구는 오래 전부터 그 남자를 도와주려고 생각했는데 급한 일이 있어서 잠들어 버린 남자의 옷 속에 고가품의 보석을 꿰매어 주고는 외출해 버렸다. 남자는 눈을 뜨자 다른 나라로 가버렸다. 고생하면서 일하고 어려운 생활을 하고 있었다. 가끔 친구가 그 모습을 보고는 '과거에 보석을 주었는데 어디다 썼는가? 일찍이 도회로 나와 그것을 자본으로 장사를 하지.' 했다.

제자들은 이 비유의 이야기를 하며 말한다.
'붓다는 옛날 우리들에게 보살의 길을 가르쳐 주셨다. 그러나 우리들은 그것을 잊고 소승의 가르침에 만족하고 있다.'

보탑 출현

이와 같이 붓다와 그의 제자들이 서로 이야기할 때 그 앞에 칠보로 만든 거대한 탑이 지면에서 솟아 올라와 공중 높이 정지한다. 그리고 그 멋진 탑 속에서 목소리가 들어온다.
'석가모니여! 법화경을 잘 설하시었다. 그 말씀 그대로 진실

이다.'
 일동은 모두 수상히 여기어 그 이유를 알고 싶어 했다. 붓다는 질문에 대답하여 다음과 같이 설명을 했다.

 옛날 동방에 다보여래프라브타라트나라는 붓다가 있었다. 그 붓다는 일찍이 서원을 일으켜 '대체로 법화경을 설하는 장소에는 반드시 출현해서 찬탄할 것이다'고 마음으로 정했다. 그 붓다가 입멸한 후 커다란 보탑이 세워졌다. 그것이 지금 여기서 보는 칠보탑이며 지금 들은 것은 다보여래의 목소리이다. 다만 탑 속의 다보여래 전신을 예배하기 위해서는 이 석가모니 분신을 전부 이 장소에 모아야만 한다.

이 세상은 정토

 여기서 『법화경』은 새로운 단계로 들어간다. 즉 라자가하의 도시 교외에 있는 독수리봉에서 제자들에게 둘러싸여 설법을 하고 있던 붓다 석가모니는 널리 시방세계에 산재해 있는 무수한 붓다를 분신으로 가진다. 더구나 지금 설법하고 있는 『법화경』의 진실을 증명하기 위해서 다보여래의 전신을 담은 보탑이 눈앞에 출현한 것이다.
 이렇게 해서 석가모니 불국토, 즉 우리가 살고 있는 세계는 그 순간에 이상의 정토로 변하여 산, 강, 바다의 구별도 없이 이 설법의 장소에 출석하고 있는 이외에는 아무 것도 존재하지 않는다. 지옥 따위도 물론 없다.

그곳에 붓다 석가모니의 분신인 무수한 붓다가 집합한다. 석가모니가 공중에 서서 보탑에 오른쪽 손가락을 대자 문이 좌우로 열려서 다보여래의 전신이 그대로 나타난다. 다보여래는 석가모니를 이끌고 보탑 속으로 들어가 자리를 나누어 둘이 앉는다. 석가모니는 대중을 가까이 불러들여서 공중에 세우고 이렇게 말한다.

'너희들 중에서 사바세계에서 이 법화경을 널리 설한 자가 누구인가? 나는 머지않아 입멸할 것이다.' 제11장 「견보탑품」

법화경의 행자

붓다의 목소리를 따라서 보살들, '말씀의 제자'들 등의 군중은 이 세계에서도 다른 세계에서도 법화경을 선포할 것을 서원한다. 또 이 기회에 붓다의 양모인 마하빠자빠띠와 야쇼다라 공주를 비롯해서 수천 명의 출가 비구니도 장래에 붓다가 되리라는 수기를 받고, 모두가 법화경의 선포에 노력할 것을 서원한다.제13장 「권지품」. 타본에서는 제12장

붓다의 수명

또 이때, 타방의 불국토에서 온 많은 보살들이 붓다에게 말씀드려서 만일 허락하면 자신들이 이 사바세계에서 법화경의 선포에 노력하겠다고 한다. 이에 대해서 붓다는 사바세계에도 무수한 보살이 있으며 내가 입멸한 후에도 걱정하지 말라고 대답한다. 그리고 그 증거로서 많은 보살들을 지하로 불러낸다. 일동의 의문에 대답하여 이들은 모두 붓다 석가모니가 이전에 교화하였다고 한다.

그래서 다시 새로운 의문이 생긴다. 석가모니가 원래 태자였을 때 출가하여 가야마을 근처 보리도량에서 붓다가 되시고 나서 불과 40년밖에 되지 않았다. 이 짧은 사이에 어떻게 무수한 보살을 교화할 수 있단 말인가? 가령 25세의 청년이 백 살이 된 노인을 우리 아들이라고 말한다면 누가 믿겠는가?제15장「종지용출품」, 타본에서는 제14장

이 의문을 계기로 새로운 사실이 대두된다. 즉 붓다는 가야의 교외에서 처음 붓다가 된 것이 아니다. 사실은 헤아릴 수 없는 많은 세월 이전부터 붓다는 이미 붓다였던 것이다. 붓다의 수명은 무한하며 상주불멸하다. 다만 붓다가 항상 눈앞에 있다고 생각하면 사람들이 방심해서 수행을 게을리하므로 붓다는 거의 출현하지 않든가 아니면 출현해도 입멸한다고 설했다. 붓다는 이

에 관해서 다음과 같은 비유로 말씀하셨다.

의사의 비유

훌륭한 의사가 집을 비우는 동안 아이들이 독을 마셨다. 의사는 돌아와서 약을 조제해서 주었다. 올바른 아이들은 곧장 약을 마시고 쾌유했으나 독 때문에 정신이 나간 아이들은 약을 먹으려고 하지 않는다. 아버지는 방편을 써서 다른 나라에 가 마침내 죽었다는 소식을 보냈다. 아이들은 아버지의 죽음을 생각해서 약을 마시고 모두 건강을 되찾았다. 죽었다고 여긴 아버지가 그 때 돌아왔다. 붓다가 입멸하셨다고 설한 것도 이와 같이 방편이다. 제16장 「여래수량품」 타본에서는 제15장

법화경의 공덕

이상에서 『법화경』의 주요 부분은 끝이 난다. 그 뒤에는 붓다의 수명이 무한한 것을 듣고 사람들이 기뻐하며 이 법화경을 선포할 것을 맹세하고 또 법화경을 믿는 공덕과 그것을 비방하는 불행을 말한다. 제17장 「분별공덕품」, 제18장 「수희공덕품」, 제19장 「법사공덕품」, 제20장 「상불경보살품」. 타본에서는 제16장부터 제19장까지

이리하여 더욱더 붓다는 시방의 무수한 세계의 모습을 그 장소에 현출시켜 일동에게 보여준다. 모든 세계에서 이 『법화경』을

설한 붓다 석가모니를 상찬하고 있는 것이다.^{제21장「여래신력품」. 타본에서는 제20장}

최후로 붓다는 보살들을 격려하고 다보여래를 비롯하여 각각을 원래의 세계로 되돌리니 일동은 기뻐하고 막을 내린다.^{제22장「촉루품」. 타본에서는 제27장}

결론

이상의 개관은 『법화경』 28장^{다른 본에서는 27장} 중에서 원시적이라고 간주하는 18장*의 내용이다.

> * 나머지 10장 중에서 제7「화성유」, 제10「법사」, 제12「제바달다」, 제14「안락행」의 4장은 원래 각각 독립된 경전이었다. 제25「보문품」은 『관음경』이라는 별칭으로 널리 보급되고 있다. 또한 제23장 등은 분명히 부가부분이다. 천태의 해석에서는 『법화경』의 전반은 현실에서 출발하여 차츰 높은 곳에 도달하므로 '적문'(수적), 후반은 영원의 붓다를 설하므로 '본문'(본지)으로서 이분하는데 여기서는 본문비평의 입장에서 위와 같이 설명했다.

『법화경』을 신봉하는 그룹은 행동적이었다. 기원후 1세기까지는 일단 경전의 형식이 갖추어졌고* 그 후 전승에서 여러 분파가 생겼다. 현존의 제본을 비교해도 이들을 한 본으로 환원하는 것은 불가능하다.

> * 현존의 최고 자료는 역자 불명의 『살담분타리경』으로 기원전 220년 이전의 번역이다. 「제바달다품」을 주체로 하여 독립된 경전이다.

영향

『법화경』은 인도에서 『대지도론』*에도 인용되었고 바수반두의 『묘법연화경우파리사』라는 주석도 있는데 모두 한역만이 현존한다. 나중에 『대승집보살학론』에 원문의 인용이 있다.

> * 이 책이 나가르주나(용수)의 저작으로는 의심이 가지만 『법화경』을 10회 이상 인용하였다.

쿠마라지바가 한역한 대승경전은 모두 중국에서 널리 읽혀지는데 『묘법연화경』에도 크게 영향을 주었다. 5세기 초엽에 광택사 법운의 『법화의기』를 비롯해서 많은 주석서가 지어졌는데 지의(538~597)는 『법화경』를 의거해서 천태종을 조직하고 나중에 이것이 일본불교의 주류가 되기도 했다.

이러한 교학적인 경향과는 별도로 행동적인 『법화경』 신자가 중국에도 있었다. 제23장 「약왕보살본사품」의 본문을 보고 자신의 손가락이나 팔 또는 전신을 불 속에 던져서 '소신공양'이라고 칭한 실례가 중국에서는 남북조부터 송대까지 수세기에 걸쳐 기록되었다. 일본에서도 나라奈良시기에 그러한 예가 있었다.

　쇼토쿠성덕의 작품으로 알려진 『법화의소』를 비롯하여 많은 연구서가 있는데 전교대사 사이쵸最澄 이래 천태에 의한 해석이 일반적으로 되었다. 이와 함께 통속신앙의 형태에 의한 법화행자가 나라奈良 시기와 헤이안平安 시기를 통해서 민간에서 활약했다. 니치렌日蓮은 『법화경』의 교학면과 실천면을 종합한 것으로 유명하다. 이 경전의 본문에서 추측된 인도에서의 법화경 그룹의 행동성이 니치렌이나 그 흐름을 따른 신흥교단에서 재현되었다고 볼 수 있다.

10_ 정토교 경전

정토신앙의 발생

동아시아에서 정토교라고 하면 아미타불의 극락세계 신앙으로 결정되는데 아미타교의 성립까지 다음과 같은 예비단계가 있다.

첫째, 석가모니가 태어난 지방에서는 옛날부터 과거불의 신앙이 있고 그는 비교적 가까운 계열 중 제 7번째로 신앙되고 있다.

둘째, 붓다 석가모니의 제자 중에서 젊어서 죽은 천재 마이트레야*가 다음에 출현할 미래불로 기대되었다.

* 미륵(마이트레야)은 석가모니의 제자 중에서 실재 인물이며 다음의 불타로 출현할 것이 약속되어 있다. 이 미래의 붓다신앙은 분명히 타방 국토의 붓다신앙보다도 오래되고 널리 퍼져서 북방불교와 남방불교에 공통된다. 동아시아에서도 그 신앙이 번창하고 현재까지 이르고 있다. 중세 이후에는 일본에서도 아미타신앙이 유행하였다.

셋째, 타방의 모든 세계에도 각각의 붓다가 출현한다는 신앙이 발생했다. 그들 세계의 구성은 민간신앙의 신화적 세계관*에 준해서 구상되었다.

> *『장아함경』에 속하는 『유행경』과 그 이역 및 빠알리문 『장부경전』의 제 17경 『마하스닷사나』 등을 보면 여기에서 이미 금은보석으로 이루어진 나무, 일곱 겹의 난간, 보석으로 된 연못과 계단이 있어 이상적인 물로 가득 채우고 있다. 이 경전의 이역에서도 가장 오래되었다고 보는 백법조 번역(기원 300년경) 『불반니원경』 권하(대정장1·169이하)에서도 이미 그렇게 묘사되었다. 여기서는 일곱 겹의 담장, 일곱 겹의 난간, 일곱 겹의 망라, 일곱 겹의 가로수가 있고 연못 바닥에 금모래를 뿌려놓고 연못의 사위에 모두 계단이 있다. 크기는 수레바퀴 정도가 되는 청·황·적·백·잡색의 꽃이 핀다. 그 물은 청·냉·징·정·무예이며 여러 가지 새들이 지저귄다. 이들의 기술은 이것을 경전에서 반복하여 서술하고 있다. 이 경전의 이역으로 『세간시설론』(티벳어역)만이 현존으로 계승된다. 『구사론』 「세간품」 중의 기술은 『시설론』의 요약에 지나지 않는다.

넷째, 많은 불국토 중에서 처음에는 동방의 아촉*이 우세한데, 이윽고 서방의 아촉이 대신했다.

* 아촉에 관해서는 147년에 중국에 온 지루가참이 번역한 『아촉불국경』에 상세하게 묘사되어 있다. 아촉이 동방아비라티(묘희)라는 불국토에서 서원을 세우고 수행을 쌓아 성도하자 그곳이 이상세계가 되었다. 그 본원을 믿고 보살수행을 한 자는 그곳에 왕생할 수 있다. 이 신앙은 동아시아에서도 유행했다.

다섯째, 아미타파^{무량광} 붓다는 마침내 아미타유스^{무량수}가 되고 그 불사성^{不死性}이 강조되었다.

무량수경

동아시아의 아미타교에서는 소위 '정토삼부경'을 근본성전으로 한다. 『무량수경』^{통칭 『대경』}, 『아미타경』^{통칭 『소경』}과 『관무량수경』^{통칭 『관경』}의 3부이며, 연대적으로 보아 이 순서로 성립되었을 것이다. 엄밀히 말하면 이 세 경전의 내용에는 조금씩 차이가 있는 것으로 보아 각각 다른 환경에서 성립되었을 것이다. 기본으로는 『대경』이라고 고찰된다.

소위 『대경』에는 산스크리트어 원전과 티벳어 번역 외에 다섯 종류의 한역이 현존한다. 산스크리트어본은 모두 네팔계의 사본으로 근대의 것이다. 한역은 그 번역연대에 의해 한역(147~186), 오역(223~228), 위역(252), 당역(706~713), 송역(980)으로 약칭된다. 이 중에 위역『무량수경』이 신앙상 널리 읽혀지고 연구되었는데 이 경전의 성립을 고찰하기 위해서는 한역과 오역이 중요하다.

옛날 세자재왕여래의 시절에 법장^{구루마카라}이라는 출가수행자가 장래에 붓다가 되려고 수많은 불국토의 상태를 배워 알고 이들 중에서 장점을 택하여* 자신의 이상정토를 건설하겠다는 서원**을 세웠다.

> * 법장이 기존의 많은 불국토의 장점과 단점을 고찰하려면 '오겁'이라는 매우 긴 시간을 소비해야한다고 기술한 내용은 위역 이하에 있는데, 나머지 오래 된 두 번역에는 없다.
>
> ** 오래 된 두 번역에는 모두 24서원으로 되어 있는데 순서나 내용이 다소 다르다. 위역과 당역은 48원으로 산스크리트어본과 티벳어본도 거의 비슷한데 송본이 되면 36원이 된다. 같은 아미타교 중에서도 몇몇 분파가 있는 것이다.

이 서원이 성취되어 현재 서방에 스카바티^{안락, 극락}라 불리는 불국토가 있고 그곳에서 아미타파^{무량광}라는 이름의 붓다가 되었다. 그 국토의 묘사가 이 경전의 주요 부분이며 낱낱의 항목은 대체로 앞에서 서술한 서원에 해당한다.

다음에 아미타파붓다의 수명에 관하여 서술하겠다. 오래 된 두 번역에 의하면 수명이 매우 길다고 하는데 결국에는 입멸하여 그 후 관세음이 붓다가 되어 뒤를 잇고 그 뒤에는 대세지가 잇는다고 한다. 이것은 위역 이하에는 생략되어 있다. 이렇게 바뀐 것과 함께 서원의 항한역 제14. 오역 제19. 위역 제13도 또한 바뀌었다. 즉 오래 된 두 번역에서는 '사람들이 열심히 계산해도 다하지 못한다'는 것에 대해서 위역 이하에서는 단지 '다하지 못한다'는 것으로 끝내므로 결국에 '무량수아미타유스'라는 관념이 생겼다.

『대경』의 후반은 '사람들이 어떻게 아미타파붓다의 정토에 왕생하는가'라는 문제*를 중심으로 한다. 아미타파의 불국토에 왕생하는 것은 자신의 공덕 대소에 따라서 다음의 '삼배세 종류의 무리'로 구별된다.

* 여기서도 '정정취'의 문제, '명호를 듣다', '신심·환희 내지 일념', '지심으로 회향' 등은 위역에는 있으나, 오래 된 두 번역에는 없고 직접 다음 '삼배'의 기술로 들어간다.

'최상제일배'는 가정을 떠나고 처자를 버리며, 애욕을 끊고 출가수행자가 되어, 보살의 길을 실행하며 6바라밀을 지킨다. 성교를 끊어야 한다. 이렇게 지성으로 아미타파의 불국토에 왕생하는 것을 항상 염원하여 그 염하는 마음이 단절되지 않으면, 꿈에 아미타파붓다와 그 제자들을 보고 또 임종에는 그들의 환영을 받아 불국토의 칠보수 연못의 연화 가운데 화생하며 아미타파

가까이에 있을 수 있다.

　다음에 '중배'는 출가하지 못한 자라도 계를 받고 보시를 행하여 붓다의 가르침을 믿고 출가자에게 공양을 베풀며 절을 짓고 탑을 세우며 향과 꽃과 등명과 장식을 공양한다. 이 사람은 아미타파의 불국토에 왕생하지만 5백년 동안은 붓다를 만나거나 설법을 들을 수 없다.

　마지막으로 '(등)삼배'는 앞의 두 종류에는 미치지 못하나 애욕을 끊고 자비를 행하며, 정진하고, 화내지 않고, 재계청정하다. 일심으로 왕생을 염해서 욕심이 없다면 저 불국토에 왕생하여 5백년 후에는 마침내 아미타파에 이를 수 있다.

　이상의 '삼배'가 기준인데 불살생 등의 십선을 행하고 애욕을 끊고, 십일십야 내지는 일일일야 동안 재계청정하고 왕생을 염하는 자는 모두 아미타파의 불국토에 태어나서 결국에는 위의 제일배와 같이 된다.

　이상의 삼배의 문은 위역에도 일부분은 있으나 여기서는 종교의례의 의무^{공양}나 윤리적 요청^{공덕, 지계}이 후퇴하고 신앙감정^{신심환희, 지심회향, 지성심}으로 바뀐다.

　십일십야 내지 일일일야에 해당하는 대목은 '십념' 내지 '일념'으로, '중배', '제삼배'에 대한 5백년의 대기기간*은 여기서는 삭제된다. 위역 다음의 당역, 송역에는 '삼배'의 기술이 전혀 없으므로 아미타교는 차츰 이 방향으로 나아갔을 것이다.

* 후의 일절에서 아미타파와 그 불국토가 이곳 청중의 면전에 출현한다. 위역과 당역에 의하면 중배와 삼배에 있는 태생은 그 불국토에 태어나지만 5백년의 대기기간이 있다고 서술한다. 이것은 가르침에 대해서 의혹을 품는 자들이 선행의 과보로 불국토에 왕생해도 붓다의 모습을 보지 못하고 설법을 들을 수 없음을 말한다. 호화스런 궁전의 한 방에 유폐되어, 생활만이 왕자와 같을 뿐이다. 오래 된 두 번역이 제이배, 제삼배에 관한 기술을(특히 의혹이라는 한 점에서 보면) 전용해서 신심을 강조하고 있는 것이다.

『대경』은 다음에서 아미타파의 불국토에 태어난 사람들이 물질적으로나 정신적으로나 충분한 생활을 하고 있음을 상찬하고, 이에 비해서 세상 사람들이 어리석게도 악행을 저지르고 스스로 불행을 지어낸다는 것^{삼독, 오악}을 밝혔다. 그리고 자비·박애·인욕·정진·선정·지혜를 권하고 있다.

여기에 이어서 청중의 요망에 따라 아미타파와 그 불국토가 눈앞에 출현한다.

이것과 관련하여 우리의 세계를 처음으로 열네 가지 불국토의 이름을 들어서 이들 세계뿐만 아니라 모든 불국토의 사람들이 아미타파의 불국토에 왕생하는 것을 서원한다고 서술하며, 결말부에 들어간다.

아미타경

『아미타경』의 이름으로 알려진 『소경』은 일반적으로 쿠마라지바의 한역으로 읽혀진다. 그 밖에 현장의 번역 『칭찬정토불섭수경』도 있다. 산스크리트어의 원전은 실담문자[범어 자모의 일종]로 쓰여진 사본으로 9세기 이후의 것이 일본에 보존되고 서사되어서 1880년에 영국에서 출판되었다. 티벳어역도 있다.

『아미타경』은 『대경』을 간략히 한 것이다.

1. 극락세계의 상황으로 일곱 겹의 난간, 나망, 행수, 칠보의 연못, 팔공덕수, 금사, 사변의 계도, 누각, 차륜 크기의 청황적백의 연화, 천상의 음악, 꽃비, 진조珍鳥, 상서로운 새 등을 서술.
2. 그곳에는 삼악도[지옥, 아귀, 축생]가 없고
3. 붓다의 광명은 무량하며
4. 붓다와 백성의 수명도 무량하고
5. 성불한 이래 10겁을 지나서
6. 제자도 또한 무수하다.
7. 그 불국토를 듣는 자는 발원하고
8. 아미타파의 명호를 듣고 하루 내지 7일 동안 일심불란하게 외우면 임종할 때에 아미타파를 맞이하여 그 극락국토에 왕생할 수 있다.
9. 현재, 이 세계에서 붓다 석가모니가 아미타파를 상찬하는 것과 마

찬가지로 동서남북 상하 각각의 불국토에서도 상찬하고 있다.

　10　그리고 이 경전을 찬미한다고 결론 짓는다.

　이 『소경』은 『대경』이 발달하여 어떤 단계에 도달한 것을 요약한 것으로, 짧은 것이라고 해서 먼저 성립한 것은 아니다. 법장보살의 본원 등의 기술은 없지만 『대경』을 예상한 위에 서사된 것이다.

관무량수경

　정토삼부경이라고 불리는 것 중에서 『관무량수경』은 동아시아에서 아미타교의 성립에 있어서도 가장 중요한 자료이다.

　이 경전은 분명히 『대경』을 예상해서 만들어진 것으로, 문 가운데 '법장보살의 48원'이라는 말도 보이므로 한역 『대경』의 원본을 이미 알고 있는 것이다.

　산스크리트어 원전도 티벳어 역도 존재하지 않고 위글어 역의 단편일엽이 현존하는데 한역으로 번역된 것으로 보인다. 한역은 서역인 칼라야샤스가 5세기 초기에 번역한 한 권뿐이다.

　『관무량수경』은 '관경'*이라 불리는 종류의 경전에 속한다. 한역으로 현존하는 관경은 동진의 붓다바드라^{불타발타라} 번역 『관불삼매해경』, 유송의 다르마미투라 번역 『관허공보살경』, 『관보현보살행법경』, 유송의 저거경성 번역 『관미륵보살십생도솔천경』과 『관무량수경』이 있으며, 그 밖에는 『관세음관경』과 『관약왕약상이보살경』이 일찍이 있었다고 한다.

> * '관경'과 관련하여 고찰할 것에 『반주삼매경』(한역 4본, 티벳어 역 외에 산스크리트어 원전 일엽이 현존)이 있다.

『관무량수경』은 마가다국 빔비사라 왕의 비이자 아자따삿투의 생모인 비데히^{위제희}를 주인공으로 한다. 이 경전은 다음과 같은 스토리로 전개된다.

아자따삿투는 데바닷다에게 꼬임을 당해서 부왕인 빔비사라를 유폐했다. 비데히는 곡물의 가루에 우유와 꿀을 섞어 전신에 바르고 장신구인 보석에는 과즙을 넣어 왕에게 먹였다. 왕의 발원으로 붓다의 제자가 와서 설법해 주었다.

아자따삿투는 이 사실을 듣고 분개하여 어머니인 왕비를 유폐하였다. 비데히는 붓다에게 기도하고 붓다는 제자들과 함께 왕비 앞에 나타났다. 비데히는 괴로움이 없는 세계가 보고 싶다고 청하였다. 붓다는 시방제불의 정토를 보여준다. 왕비는 그 중에서 아미타불의 극락정토에 태어나기를 발원했다. 그 순간 붓다의 입에서 오색의 빛이 나와서 빔비사라 왕의 머리를 비추자 왕은 갑자기 성자의 경지에 다다를 준비가 되었다.

붓다는 다음의 서방극락에 태어나는 방법으로 삼복이라는 실천을 비데히에게 가르친다. 부모에게 효양을 다하고, 십선을 행하는 등의 도덕적 선을 실천하고 불·법·승 삼보에 귀의하며 대승의 깨달음을 구하는 수행이 그것이다. 그리고 나아가서 16관상 방법을 설하는데 이것이 이 경전의 주요 부분이다.

16관상 중에서 앞의 13은, 첫째 일몰의 관상에서 시작하여 아미타불과 관세음, 대세지 두 보살과 함께 극락세계의 상태 등을 자세히 관찰하는데, 일日·수水·지地·수樹·팔공덕수·보석나무·보석땅·보석못·연화 등의 낱낱을 다 관찰한다. 그 항목은 기본적으로는 앞에서 설명한 『관무량수경』이나 『아미타경』 등과 거의 같은데, 이 경전의 한 특색은 '팔만사천, 80억, 60억, 5백억, 백천만억' 등 거대한 숫자를 연발하는데 있다. 이 경향은 이미 『무량수경』에도 다소는 있으나 이렇게 현저하지는 않다. 거대한 숫자의 나열은 다른 관경에서도 볼 수 있는 공통성으로, 현실세계로부터 멀리 벗어나서 공상적으로 비약하는 수단이다.

이 중에서 제13관의 문에서 '만일 지심으로 서방에 태어나기를 원하면 우선 장육1장6척상이 연못 위에 있음을 관상하라… 아미타불은… 혹은 대신大身을 나타내어서 허공에 가득 채우고, 혹은 소신小身을 나타내어서 장육, 팔척이다.'라고 서술하였다. 이로 볼 때 이 경전을 신봉한 그룹들이 불상을 제작하고 예배하였음을 알 수 있다. 더구나 '장육'또는 '팔척'이라는 그 높이까지 명시하고 있다. 높이만 보아도 아프가니스탄의 바미얀 협곡에 현존하는 53m나 35m 등의 거대한 불상을 만든 불교문화와 무관하지 않은 『관무량수경』의 신앙이 일어났음을 고찰할 수 있을 것이다.

16관상 중에서 최후의 셋은 아미타불의 정토에 왕생하는 방법을 상품·중품·하품의 세 종류로 나누어 설명하는데, 더욱더 각 품을 상생·중생·하생으로 세분하였으므로 실제로는 9종류9품가 된다. 이 3품의 사고방식은 『무량수경』에서 삼배에 근거한 것이 분명한데 이 『관무량수경』에서는 오히려 신심을 전면에 내세운다. 『대경』의 오래 된 두 번역본인 위역은 『관무량수경』과 3단으로 나누어 보면 그 변화가 밝혀진다.

첫째, 오래 된 두 번역에서는 불교 정통파의 사고방식에 따라서 삼배만을 설했다.

둘째, 위역에 이르러 '명호를 듣고 신심환희 내지 일념, 지심으로 회향해서…'의 일단이 삼배의 전문으로 부가되었다.

셋째, 『관무량수경』이 되면 한 발자국 더 전진해서 위역본의 전면에 해당하는 부분을 '상품상생'의 본문 중에 편입했다. 그래서 '지성심과 신심과 회향발원심이라는 3심心을 일으킨 자는 반드시 왕생할 수 있다'는 것이 필두로 놓여지게 되었다. 그러나 옛날부터 있던 생각을 완전히 무시할 수도 없으므로 같은 상품상생의 문장에 이어서 또 '3종의 중생'이라고 하며 '1에…계행, 2에 대승…경전의 독송, 3에 불佛・법法・승僧・계戒・사捨(보시)・천天(신들)의 여섯 가지를 사념하는 수행'이라고 일컬어진다.

경전의 성립에서 보면 계를 지키고, 경전을 읽고 불교수행을 할 수 있는 것이 최고이며 상품상생, 악업을 짓는 것은 열등 하품하다는 계급차별이 있는 것은 『관무량수경』에서도 명료하다.

또한 상품상생에서 하품하생까지 사이에는 극락왕생의 모습도 상하의 구별이 있다. 상품상생의 임종에는 아미타불이 보살과 그 밖에 많은 무리를 이끌고 영접하러 오는데 하품상생이 되면 아미타불은 사자使者만을 보내고 자신은 모습을 나타내지 않는다. 또한 왕생해서 연못 속에 태어나도 49일간 연못 속에 숨어있다. 하품중생과 하품하생에 이르면 영접도 받지 못하고 영원히 기다려야만 한다. '나무아미타불'의 명호를 외우는 것은 이 가운데 하품상생에 와서야 비로소 나온다. '나무아미타불'이라는 문구는 『대경』과 『소경』에는 나오지도 않는다.

이상 서술한 상품상생부터 하품하생에 이르기까지를 설하여 『관무량수경』의 주요부인 '16부'를 끝낸다. 이 설명을 들은 비데히 왕비는 크게 기뻐하며 흔들림 없는 신앙을 갖게 되고 5백 명의 시녀들도 모두 저 불국토에 왕생할 것을 발원한다. 이렇게 경전의 명명命名에 의해 전권이 끝난다.

영향

 중국이나 일본에서 정토삼부경이라 부르는 것은 원래 일관하여 제작된 것은 없다. 아미타파^{무량광}붓다를 신앙하는 그룹 사이에서, 다른 불교 그룹의 경전과 같이 각각 다른 기회에 만들어지고 개정되어 전해진 것을 어느 시기에 중국에서 3부경으로 일괄해서 부르게 되었던 것이다. 아미타 교단 중에서도 시대와 장소에 따라 작은 분파가 있었던 것 같다. 한역에서 우연히 갖추어진 세 편은 상세히 말하면 상호 모순되고 통일되지 않은 면도 있지만 종파로서의 정토교는 이 세 편을 '삼부경'이라 불러서 근본성전으로 한 것이다. 실제로 중국의 담란, 도탁, 선도를 비롯하여 일본의 호넨^{法然}도 『관무량수경』^{특히 그 하품하생의 왕생}을 의거하고 있다. 신란^{親鸞}은 『대경』의 제18원을 '지심신락의 원'으로 불러 특별히 중요시하는데 『관무량수경』에 처음으로 나오는 아미타불상의 예배나 '나무아미타불'의 칭명염불 없이는 신란 일파의 타력신앙도 성립하지 못했을 것이다.

11_밀교경전

밀교란 무엇인가

붓다 석가모니가 설한 가르침은 어떻게 전승되었는가.

첫째, 전통적인 출가교단 사람들이 소위 소승의 경전을 편집하고 확충했다. 그들은 인간의 현실상태를 불완전한 것으로 간주하고 그것을 초월하여 이탈함에 따라 이상의 상태^{열반}에 도달할 수 있다고 생각하였다. 따라서 현세적인 욕망을 억압하고 초세속적인 출가수행을 목적으로 했다.

둘째, 재가신자를 포함한 넓은 범위의 교단이 각지에서 전개한 운동으로 대승이라 이름하였다. 그것은 현실을 비판하고 그 본질을 올바르게 인식함에 따라 이상이 실현된다는 생각이었다. 그것에는 비판적 정신이 왕성하였으므로 연기의 근저에서 공을 보았다^{반야의 지혜}. 그와 동시에 우리가 놓여진 현실세계를 냉엄하게 반성하고 자기 한 몸의 구제를 떠나서 만물구제의 실제적 수단^{방편}이 중요시 되었다. '지혜의 파라미타는 보살의 어머니, 방편은 아버지이다^{智度菩薩母 方便以爲父}'라고 『유마경』에서 말한 것은 이 뜻이다.

또한 대승에서는 인간으로서의 붓다는 우주정신$^{법신, 진여}$의 화신이라고 보며 우리 한 사람, 한 사람이 그 절대정신과 내면적으로 관련되어 있다. 혹은 오히려 우리의 본질은 절대정신 그 자체^{여래장}라고 생각한다. 더구나 대승경전은 명상, 선정의 입장에서 서술되어진 것으로 일상 용어를 사용하는 경우에서조차도 자주 상징적인 의미로 쓰여지고 논리^{logos}로 말하는 대신에 기적의 실연^{mythos}으로 보여준다. 따라서 문자대로 뜻을 해석하면 진정한 의미를 파악할 수 없는 경우가 많다.

소승, 대승에 대해서 제3의 입장으로 밀교가 있다. 그러나 밀교는 대승의 방법을 한층 심화시켰을 뿐 차이는 미묘하다. 현실과 이상의 근본적 동일성을 한층 강조하고 명상의 의의를 중요시한다. 따라서 상징성을 철저하게 심화시킨 것이다.

밀교를 외부에서 관찰한 것은 그런 상징주의의 형식에 우선 눈을 돌린다. 여러 가지 불상^{佛像} – 여신상을 포함한 기괴함, 그로테스크, 에로틱한 것에 이르기까지 – 을 예배한다. 또 불가해한 주문을 외우며 기묘한 주법을 행한다. 청결한 소승의 수행이나 고원한 대승의 철학은 어디로 간 것인가? 하며 한탄하는 사람도 있을 것이다. 실제로 이 상징주의가 안이한 – 때로는 경멸해야만 할 – 속신에 떨어진 사례는 인도에도, 동아시아에도, 티벳에도 있었다.

그러나 이것은 모든 신비사상에 공통된 현상이다. 가장 숭고한 것에서 가장 저급한 것에 이르는 모든 가능성이 그 중에 포함되어 있다.

밀교는 인도에서 4세기* 초엽부터 활동을 개시하여 8세기에 이르러 최전성기에 들어간다.

> * 7세기 이후로 밀교의 기원을 둔 구설은 잘못이다. 새로운 연구와 문헌에 관해서는 M.Eliade : Yoga-Immortality and Freedom, New York 1958, pp.200~273, pp.399~414 참조.

아프가니스탄에 근접한 서북 지방, 동방으로는 벵갈 지방, 서방으로는 안드라 지방이 주요한 거점이며, 중관파와 요가챠라파의 철학자들이 동시에 밀교의 아사리^{아챠리야·스승}이기도 했다.

밀교가 단순한 미신이 아니라 범신론을 구체적으로 표현한 고차원의 종교 형태라는 것은 아사리라 불리는 유자격자에게서 비밀리에 전수되어 정통한 후계자에게 반드시 직접 이어지는 규정에 따라서 확보된다. 사제관계를 떠난 추상적인 학습은 유해^{有害}하다고 밀교에서는 말하고 있다. 인도에서나 동아시아, 티벳에서도 일반의 불교 철학^{현교}을 완전히 수료한 자만이 밀교에 들어갈 자격이 부여된다.

무엇보다도 밀교적 운동은 같은 시기에 인도교에서도 어느 정도까지는 지나교에서도 번성하였고 예배상, 인계*, 주문**, 만다라*** 등의 형식면에서도 공통된 점이 많다.

> * 붓다의 여러 모습을 본떠서 주로 10지의 굴절이나 조합으로 형상을 만든다.
> ** 진언이라고도 한다. 붓다의 정신 내용을 음절의 결합으로 상징적으로 표현한다. 명상 방법의 하나이므로 의미를 생각하지 않고 소리의 울림만으로 주의를 집중한다.
> *** 우주의 상징적 도형인데 원과 직선으로 구분하여 대일여래를 중심으로 여러 가지 존상을 배치한다. 화폭에 그려서 전해지는 소위 '현도만다라'는 금강계와 태장계의 두 면으로 이루어진다.

그러나 불교에서의 밀교 특질은 표현과 정신의 일치를 주장하고 교리와 의례의 내면적인 관련성을 강조한 점이다. 형식만을 보고 의의를 모르는 것도, 교의만을 중시하고 의례를 무시하는 것도 밀교에서는 허용하지 않는다.

『대정신수대장경』의 제18권에서 4권이 밀교부이며, 그 양은 앞에서 소개했던 반야부와 거의 같다. 티벳어 대장경에서는 밀교에 관한 것이 그 밖의 다른 경전보다도 훨씬 많다. 산스크리트어 원전도 네팔계나 티벳에서 다수 발견되어 간행되고 있다.

대일경

　모든 밀교경전 중에서도 가장 잘 알려진 것은 『대일경』, 구체적으로 말하면 『대비로자나성불신변가지경』이다. 한역은 인도인 슈바카라싱하^{선무외}가 일행^{당나라 스님(?~727)}을 조수로 해서 725년에 번역했다. 저본은 중국에서 인도의 날란다로 유학하여 객사한 무행의 필사본이라고 한다. 원전은 현존하지 않는다. 티벳어역이 있는데 한역본과 다른 점이 있다.

　한역으로는 6권까지 31장으로 일단 완결하고 제7권의 5장은 보족이다. 티벳어역은 36장으로 나누어 한역의 제7권에 해당하는 부분이 없으며 별도로 호마 등에 관한 여러 장이 더해져 있다.

　제1장 「주심품」에서 교리면을 설하고 제2장 이하에서는 만다라를 비롯하여 주문^{진언}, 인계 등의 의례면을 서술한다. 밀교의 입장에서는 이 양면을 분리시킬 수 없는데 여기서는 편의상 전자만을 일별하겠다.

　『대일경』의 주인공은 마하바이로챠나^{대비로자나}라고 불리는 붓다이다. 이 이름은 『화엄경』의 주인공과 같으며 법신이다. 단지 『화엄경』의 경우에 법신은 절대자이므로 스스로 입을 열지 않고 보살들에게 말하게 한다. 그러나 밀교에서는 법신은 절대자이기 때문에 더욱더 설법을 한다. 여기서는 절대자가 자유로운 활동을 한다. 현실 활동 그 자체가 절대자인 것이다. 다만 절대자의 말씀은 대부분 상징으로 설해진다.

마하바이로챠나 붓다는 '여래가지광대금강법계궁'에 계신다. 거기에 모인 '지금강자*'들 가운데 금강비밀주라는 분이 붓다의 '일체지자(一切智者)'라는 것에 대해 질문한다. 일체지자란 붓다를 말하며 그 '지(智)'란 붓다가 깨달은 내용이다. 이것이 『대일경』 전체의 문제이다. 이 질문에 대해서 '보리심을 인(因)으로 하고, 비(悲)를 근본으로 하며 방편을 구경(究竟)으로 한다'고 대답한다.

* 대승경전에서 보살과 마찬가지로 붓다에게 봉사하고 붓다와 문답하며 붓다 대신 설법한다. 진리의 상징인 '금강저'(무기의 형태를 한 법구)를 손에 들고 있다.

이미 보았듯이 붓다의 깨달음을 이상으로서 노력하는 결의를 '보리심'이라고 한다. '비(悲)'는 모든 살아 있는 것들을 어여삐 여기고 구제하려는 마음가짐이다. 이것을 실행으로 옮기는 방법을 방편이라고 한다. 이 세 가지 조항이 『대일경』의 근간이며 그것이 다른 대승경전과는 다르지 않지만 잘 주의해서 보면 '방편을 구경으로 한다*'는 점에 특색이 있다. 일반적으로 방편은 단지 수단이므로 편의상 그렇게 볼 수도 있다. 그러나 밀교의 입장에서는 방편이야말로 최고의 의의를 지닌다.

> * 위의 문장은 『수습차제(Bhavanakrama)』라는 논서에 인용되어 있고 산스크리트어의 원문에 있으며 이것에 의하면 '구경'의 원어는 '팔리아바산나(paryavasana)' 즉 '최정점, 절정, 궁극'의 뜻이다.

더욱이 보리심을 설명하여 '여실하게 자신의 마음을 안다.'如實知自心라고 한다. 그리고 심心이란 어떠한 것인지를 해설하여 한편으로는 반성없이 동물처럼 본능에 얽혀서 욕망을 추구하는 단계에서 설명을 시작하여 선행을 추구하는 것을 종자에서 씨를 내는 것으로 비유하여 점차 마음이 종교로 향하는 과정을 서술한다. 또 다른 한편으로는 좋은 마음, 나쁜 마음 등의 가지가지 모습을 열거하여 공空임을 관찰함에 따라 마음은 본성이 청정하다는 것을 깨닫는다.

이상이 『대일경』의 제1장 「주심품」으로 이것에 의지해서 제2장 이하에서 밀교의 실천면으로 의례를 해설하겠다.

『대일경』에 대해서 인도에서 쓰여진 두 종류의 주석서가 티벳어역으로 현존한다. 중국에는 한역자 슈바카라싱하선무외의 뜻을 받아 일행이 기록한 『대일경소』대비로자나성불경소 20권과 그것을 수정한 『대일경의석』 40권이 있고 일본의 진언종은 전자, 천태종은 후자를 의용한다. 『대일경』은 이미 나라奈良기에 수입되었고 쿠카이空海는 이것을 읽고 중국유학에 뜻을 두었다. 진언종에서는 가장 중시되고 있다.

이취경理趣經

밀교경전은 외관에 의해서만 판단되지 않는다. 매우 넓은 의미로 생각하면 어떤 경전에서도 밀교적으로esoteric 이해하는 것이 가능하다고 한다. 그 중에서도 『반야경』은 사상적으로도 밀교와 친연적이므로 여기 속하는 것 중에서 전형적인 밀교경전이 발견되는 것도 당연하다.

불공不空이 763~771년 사이에 번역한 『대락금강불공진실삼마야경』에는 『반야바라밀다리취분』이라는 방제가 붙어 있고 통칭 『이취경』이라고 한다. 현장 번역 『반야경』 제10부 「반야리취분」과 동류의 책인데 많은 차이가 있다. 그 밖에 4종류의 한역이 있고 모두 유사하지만 같은 본은 아니다. 산스크리트어 원전의 사본 하나가 중앙아시아에서 발견된 것이 표제를 결여한다. 주요 부분은 산스크리트어인데 이 경전의 공덕을 서술한 부분 7절은 코탄역으로 번역되었다. 그 지방에서 이처럼 독송했을 것이다. 또 티벳어역은 『성반야바라밀다이취백오십송』이라고 하고 한역보다는 산스크리트어본과 유사하다. 모두가 유사한 경전이 몇 종류나 행해지고 있었으므로 한역『이취경』은 어떤 의미에서는 독자의 것이다.

『이취경』의 주인공은 법신 마하바이로챠나 붓다이며 반야의 예지를 통해서 얻어진 바의 현실 긍정을 설하고 있다. 인간적인 약점인 애욕이나 욕망을 부정하는 것이 아니라 그것들을 있는 그대로의 상태에서 가치전환을 할 때에 만물은 그 본질을 오염시키지 않는다고 밝혀놓았다―切法自性淸淨. 본질에서 적정하고寂靜法性, 분별사량을 초월하고 있다무분별. 무희론. 그러므로 애욕도 미움도 무지도 모두 있어야 할 곳에 있음을 긍정한다. 절대적 체험이 여기서는많은 종교문학에서 보여지듯이 성의 환희에 비유되는 '적열'이나 '대락'으로 불린다. 또 이 설법을 찬미하여 여러 가지 신들이나 여신이 등장한다.

마지막으로 보살의 이타적인 활동을 찬양하고 맺는다. 시의 형태를 지닌 이 '백자白字 게송'은『이취경』의 대의를 정리한 것이다. 이 경전에 한해서는 한음으로 읽는다.

菩薩勝慧者	보살의 훌륭한 지혜 있는 자
乃至盡生死	내지 생사를 다할 때까지
恒作衆生利	항상 중생의 이익 이루고
而不趣涅槃	열반에 들지 않는다.

우수한 보살들은 생사의 세계에 이를 때까지 중생의 이익을 이루고 입멸하지 않는다.

般若及方便	반야와 방편과
智度悉加持	지혜바라밀에 다 보호받아.
諸法及諸有	제법과 제유는
一切皆淸淨	일체 모두 청정하다.

지와 방편과 반야바라밀의 힘에 의해 성립된 모든 존재는 다 청정하다.

欲等調世間	욕 등의 갖추어진 것은 세간에서
令得淸除故	깨끗이 없애게 하므로
有頂及惡趣	유정에서 악취에 이르기까지
調伏盡諸有	모든 유를 조복한다.

욕망 등을 제어하는 것은 세간에서 청정함을 초래하며 생사윤회의 절정에서 저변까지 모든 생존을 뜻대로 한다.

如蓮體本染	연꽃은 몸이 원래 물들어서
不爲垢所染	번뇌 때문에 오염되지 않는 것처럼

  諸欲性亦然 모든 욕의 본성도 또한 그러해서
  不染利群生 오염되지 않고 군생을 이롭게 한다.

 빨간 연꽃은 처음부터 색이 그러하다. 물든 것이 아니다. 그와 마찬가지로 생사윤회하고 있는 동안 애욕 등에 물들어서 오염되지 않으므로 있는 그대로 세상을 위하여 도움이 된다.

  大欲得淸淨 큰 욕심에서 청정함을 얻고
  大安樂富饒 대안락에서 풍요로워진다.
  三界得自在 삼계에 자재하여서
  能作堅固利 단단한 이익을 이룬다.

 큰 욕심에 의해 깨끗해지고 대안락에 풍부하여 모든 세계에서 자유롭고 확실히 목적을 이루는 것이 좋다.

 모든 붓다들, 보살들이 모여서 마하바이로챠나로부터 『이취경』을 청문한 금강수보살을 '훌륭하다, 훌륭하다'고 상찬하는 데서 경을 맺는다.
 『이취경』은 제본이 많은 점을 보아 분포가 아주 넓었을 것이다. 중앙아시아의 코탄 지방에서도 독송되었음은 산스크리트어와 코탄어를 섞은 사본에 의해 추측된다. 불공이 번역한 것은 사이쵸最澄, 쿠카이空海가 모두 수입하였고, 진언종에서는 평소에나 대법회에서도 이를 독송하였다. 내용이 현실을 긍정하는 점에서 욕망 등을 시인하였으며 특히 성행위를 비유로 이용하였다는 점 등에서 미숙자가 오해할 요소가 많지만, 밀교의 본지인 즉신성불 - 인간적 존재가 가장 이상적인 상태라는 사상 - 을 명확히 서술한 경전이라는 점에 주목해야 한다.

경이야기

초판 1쇄 인쇄 | 2005년 8월 5일
초판 1쇄 발행 | 2005년 8월 12일

| 글쓴이 | 와타나베 쇼코
| 번   역 | 지성 스님
| 펴낸이 | 김 동 금
| 펴낸곳 | 우리출판사

● 등록 | 제 9-139호
● 주소 | 서울특별시 서대문구 충정로 3가 1-38 우 120-837
● 전화 | (02)313-5047 ● 팩스 | (02)393-9696 ● 메일 | woribook@chollian.net

ISBN 89-7561-229-5   03220
값 9,500원

OKYO NO HANASHI by Shoko Watanabe
ⓒ1967, 1977 by Shoko Watanabe
Originally published in Japanese by Iwanami Shoten, Publishers, Tokyo, 1967
This Korean language edition Published in 2005
by Woori Publishing Co., Seoul
by arrangement with the author c/o Iwanami Shoten, Publishers, Tokyo.

이책의 한국어판 저작권은 베스툰 코리아 에이전시를 통해 일본 저작권자와
독점 계약한 '우리출판사'에 있습니다.
저작권법에 의해 한국 내에서 보호를 받는 저작물이므로
무단전재나 복제, 광전자 매체 수록 등을 금합니다.